乡村振兴战略背景下的
乡村旅游发展研究

谌 静 著

新华出版社

图书在版编目 (CIP) 数据

乡村振兴战略背景下的乡村旅游发展研究 / 谌静著

. — 北京：新华出版社，2019.11

ISBN 978-7-5166-4555-0

Ⅰ . ①乡… Ⅱ . ①谌… Ⅲ . ①乡村旅游 – 旅游业发展

– 研究 – 中国 Ⅳ . ① F592.3

中国版本图书馆 CIP 数据核字（2019）第 055780 号

乡村振兴战略背景下的乡村旅游发展研究

著　　者：谌　静

责任编辑：蒋小云　　　　　　　　　封面设计：崔　蕾

出版发行：新华出版社

地　　址：北京石景山区京原路 8 号　　　邮　　编：100040

网　　址：http：//www.xinhuapub.com

经　　销：新华书店

　　　　　新华出版社天猫旗舰店、京东旗舰店及各大网店

购书热线：010-63077122　　　　中国新闻书店购书热线：010-63072012

照　　排：北京静心苑文化发展有限公司

印　　刷：北京亚吉飞数码科技有限公司

成品尺寸：170mm×240mm

印　　张：15.75　　　　　　　　字　　数：204 千字

版　　次：2020 年 3 月第一版　　　印　　次：2020 年 3 月第一次印刷

书　　号：ISBN 978-7-5166-4555-0

定　　价：63.00 元

前　言

作为一个以农业为主体的发展中国家,我国乡村地域广阔、人口众多,农耕文明历来是中华文明的根基。积极发展农业现代化,切实推进社会主义新农村建设,不仅是构建社会主义和谐社会的必然要求,也是加快社会现代化建设的重大任务。2017年10月18日,在党的十九大报告中,习近平总书记指出:"农业农村农民问题是关系国计民生的根本性问题,必须始终把解决好'三农'问题作为全党工作的重中之重,实施乡村振兴战略。"此后,党和国家有序推进了一系列乡村振兴战略部署,各地方也不断进行探索和实践。

乡村发展内容广泛、涉及面广、复杂性高,大部分乡村需要从农业产业本身突破,通过农业现代化实现振兴,有些地方则可能通过其他途径来实现振兴。在不断的探索与实践中,乡村旅游这样一条能够发挥乡村综合效益、创造美好生活的重要途径进入人们的视线。近年来,随着经济的持续发展,人们的生活水平不断提高,也越来越追求观光休闲、农耕体验等消闲活动。农村绿水青山,独具特色,成为人们心中的"世外桃源"。城市人日益强烈的田园情结使得乡村旅游成为旅游界的新宠,也为我国"三农"问题的解决开辟了一条新的道路。但是,乡村旅游发展时间较短,尚未走上规范化、市场化的轨道,还需要学术界通过理论来引导与推动,使其实现可持续发展。基于此,特撰写了《乡村振兴战略背景下的乡村旅游发展研究》一书。

本书主要包括八章内容,从乡村旅游与乡村振兴、新时期乡村旅游规划研究、乡村旅游资源的合理开发、乡村旅游设施建设、乡村旅游发展模式与市场开拓、基于游客感知的乡村旅游形象设计、乡村旅游与生态环境保护、基于社区参与的乡村旅游与乡村旅游从业人员培养方面入手,将乡村旅游纳入乡村振兴战略背景下进行分析阐述。

总体来说,本书在吸收前人研究成果的基础上,基于多年来在乡村领域的理论与实践经验,对乡村旅游的规划、开发、建设、保护等各方面进行了详细阐述。同时,本书旨在为乡村旅游的发展提供一些有效的、创新性的解决策略,力求结合理论与实践发展的需要撰写一本真正有助于乡村旅游发展的工具指引书。概言之,本书有以下几个鲜明的特点。

第一,聚焦战略。本书立足于乡村旅游的基础理论,明确指出了乡村振兴与旅游的关系,提出了以旅兴农、以旅兴乡的方法路径,即深挖价值、保障服务、经济振兴、形象设计、生态保护、社区参与、素质培养等。

第二,体系完整。本书的节与节之间有机联系,环环相扣,从而在内容上形成了较为完整的理论体系,有助于读者全面、系统地把握乡村旅游的规划、开发、建设与保护。

第三,规范性强。本书在论述的过程中,力求语言准确规范、深浅适宜,叙述脉络清晰,以帮助读者更为容易地掌握相关内容。

在本书的撰写过程中,作者不仅参阅、引用了很多相关文献资料,而且得到了诸多同行及亲朋的鼎力相助,在此一并表示衷心的感谢。由于时间仓促,水平有限,书中难免存在欠妥之处,恳请广大读者不吝赐教!在引用标注过程中难免有所遗漏,敬请包涵指正!

作　者
2018 年 11 月

目　录

第一章　乡村旅游与乡村振兴

　　旅游活动的广泛关联性决定了旅游业具有较强的综合性，一方面，旅游业的发展有利于促进和带动相关支持性行业的发展，另一方面，相关支持性和关联性产业的发展也更加有利于促进旅游产业链的横向与纵向延深发展。乡村旅游产业是三大产业的良好结合，乡村旅游的发展有助于将现代旅游业向传统农业延伸，打破传统种养殖业的思维定势，也有助于开拓乡村农业增收、实现产业优化。不仅能带动食、住、行、游、购、娱传统旅游业六大要素的发展，还会带动农村交通、电商、金融、通信、地产、人力资源等行业的发展，形成联动效应，实现农业产业链和旅游产业链的有机整合，优化农村产业结构调整，实现一、二、三产业发展的相互促进，从而实现加速振兴农村经济的进程，带动农村经济振兴。

第一节　乡村旅游的概念及特点分析

一、乡村旅游的概念

　　国外乡村旅游起步较早，一些专家学者对乡村旅游的定义有着深入的研究。

　　西班牙学者 Gilbert 和 Tung 认为：乡村旅游就是农户为旅游者提供食宿等条件，使其在农场、牧场等典型的乡村环境中从事各种休闲活动的一种旅游形式。

欧盟和世界经济合作与发展委员会这样定义乡村旅游：乡村旅游指发生在乡村的旅游活动，并进一步认为乡村特点是乡村旅游整体经营销售的核心和独特卖点，是基于乡村地区，具有乡村特点、经营规模小、空间开阔和可持续发展的旅游形式。

以色列的 Arie Reichel、Oded Lowengart 和美国的 Ady Milman 简明扼要地说：乡村旅游就是位于农村区域的旅游，具有农村区域的特征。

英国的 Bramwell 和 Lane（1994）认为，乡村旅游不仅是基于农业的旅游活动，还包括特殊兴趣的自然旅游、教育性的旅游、文化与传统旅游，以及一些区域的民俗旅游活动。

Dernoi 认为：乡村旅游的发生地与土地密切相关，是指在非城市地域的旅游活动。

Lane 则明确指出乡村旅游发生地在农村，其旅游类型是多样的。

Turnock 进一步扩大乡村旅游的范围，他认为在乡村地区所进行的休闲活动都属于乡村旅游的范畴。

Edward Inskeep、Deegan 和 Dineen 则认为，农业旅游、农庄旅游和乡村旅游是一回事，根本不用区分。

各个国家的国情不同，学者们对乡村旅游概念的界定也不完全一致，但基本上都认同乡村区别于城市的、根植于乡村世界的乡村性是吸引旅游者进行乡村旅游的基础。

我国乡村旅游兴起于 20 世纪 80 年代。国内有众多的学者对乡村旅游的概念进行了诠释，其界定有很多表述方式，不同的表述侧重点也有所不同。杜江和向萍认为，乡村旅游就是农户为旅游者提供住宿等条件，使其在农场、牧场等典型的乡村环境中从事各种休闲活动。何景明和李立华认为，狭义的乡村旅游是指在乡村地区，以具有乡村性的自然和人文客体为旅游吸引物的旅游活动。王仰麟、祁黄雄认为，乡村旅游是以乡野农村风光和活动为吸引物，以城市居民为目标市场，以满足消费者娱乐、求知和回归自然等方面的需求为目标的一种旅游形式。刘德谦认为，乡村旅游就是以乡村地域及与农事相关的风土、风物、风俗、风景组合而成的乡村风情为吸引物,吸引旅游者前往休息、观光、体验及学习等的旅游活动,其核心内容是乡村风情。吴人韦认为,乡村旅游是以地方农业、农村自然环境和农村民俗风情三者为核心,与城市旅游相对立的,建立在乡村空间环境和乡村生产关系上的特殊旅游类型。林刚认为,乡村旅游是指发生在乡村地域,以乡村田园风情、农业生产活动、农家生活为旅游吸引物的休闲、观光、游览及度假活动。郭焕成认为,乡村旅游是指以乡村地区为活动场所,利用乡村独特的自然环境、田园景观、农舍村落等资源,为城市游客提供观光、休闲、度假的一种新的旅游经营活动。

综合来看,国内乡村旅游的概念界定是通过尽可能归纳和概括乡村旅游的共同特征来实现的,依据乡村旅游活动体系,主要从三方面的特点来反映乡村旅游本质,即乡村旅游发生的地域特点、乡村旅游依托的资源特点和乡村旅游提供的活动特点。我国乡村人口众多、乡村地域广阔、乡村资源多样、乡村民俗丰富,要一一列举必然不全面,因而采用综合概括方法是科学的。现有乡村旅游概念基本属于广义范畴。与国外相比,不足之处在于没有强调乡村旅游与乡村社区之间的关系,需要进一步揭示。

从以上国内外乡村旅游概念的演化和比较来看,乡村旅游是有广义和狭义之分的。从狭义的角度上,并非所有发生在乡村地区的旅游形式均为乡村旅游,旅游必须紧密地与乡村资源环境、乡村社区环境和生产生活环境相融合,才能称为"乡村旅游"。随着时代的发展,乡村旅游概念的范畴在不断扩展,人们到乡村旅游已经不局限于与乡村性有关的活动,更多的是在乡村环境中的各种非城市的旅游体验,因此广义的乡村旅游概念更契合时代的发展和需求。

本书认为,把握乡村旅游的概念与内涵,应充分认识到以下属性。第一,空间属性——旅游活动是否位于乡村地区。第二,资源属性——旅游活动的开展(旅游产品开发)是否依托乡村物质和非物质资源。第三,产品属性——从旅游活动内容上看,如果是根植于本地资源、与乡村文化密切相关的乡村活动,我们称之为狭义的乡村旅游;如果是旅游者参与的任何旅游活动,则称之为广义的乡村旅游。基于上述对于乡村地域的认识,遵循乡村旅游概念的逻辑脉络,我们对乡村旅游做出如下定义:从广义上讲,乡村旅游是发生在乡村地区,依托乡村资源开发观光、休闲、度假等旅游体验活动的一种旅游方式。从狭义上讲,乡村旅游是发生在乡村地区,以自然资源、田园风光、乡村文化以及具有乡村性的农事生活和建筑景观为主要吸引物,以观光、休闲、度假、养生及各种乡村生活体验为目的的一种旅游方式。简言之,狭义的乡村旅游特指发生在乡村地区,以具有乡村性的自然和人文客体为吸引物的旅游方式。

本书以下各部分内容,除特别说明外,所言及乡村旅游的内涵均取其宽泛含义,即广义定义。

二、乡村旅游的特点

乡村旅游作为一种新型旅游形式,从它最初发展至今,就表现出很多独特性,如资源特色、产品特点、市场特征等各个方面。这些独有的特点使得乡村旅游成为全球发展最快、最受欢迎的旅游活动形式。

(一)乡村性与融合性

乡村旅游的主要消费者是都市居民。由于工作紧张、生活节奏快以及工业文明带来的环境问题日益严重,触发了都市居民回归自然、返璞归真的愿望。在乡村,无论是旅游吸引物还是旅游环境载体,都正好适应和满足了都市居民的这种愿望需求,因而传统的乡村生活和环境就成为最可贵、最具吸引力的旅游资源之一。乡村旅游者融入乡村环境和社区生活中,从而体验到乡村生产、生活、生态的乐趣,满足了其回归自然、返璞归真的愿望。在城市化进程中,城市建设极大地改变了自然环境、生态风貌以及传统人文资源,而乡村则保留了更多原始状态的自然环境和生态风貌,以及工业化城市化社会以前的传统人文资源。基于乡村旅游者的回归自然、返璞归真的愿望,他们需要的旅游产品应该是原始的、真正乡村的,而不是伪造的、展览馆式的。乡村旅游提供的必须是原汁原味的农村风貌、淳朴自然的田园生活,以及新鲜可口的蔬菜瓜果。

如果说"乡村性"是乡村旅游的吸引力本质,那么"融合"就应该是乡村旅游的发展本质。乡村旅游的发展本身要求旅游和乡村建设高度融合,既要考虑以城市居民为主的游客对乡村性的审美需求,同时也要考虑乡村居民对乡村建设的现代化期望,特别是交通的便利性和基础设施的现代化、舒适化。开展乡村旅游的乡村,往往是具有一定特色的传统村落,拥有物质形态和非物质形态文化遗产,具有较高的历史、文化、科学、艺术、社会、经济价值。从旅游需求角度来看,旅游的本质是求新求异,乡村性作为乡村旅游的核心吸引力,对于城市居民而言具有一种完全不同于城市性的异质性,乡村旅游就是城市居民对乡村性的向往和审美消费的过程。

（二）参与性与体验性

乡村旅游是现代旅游业向传统农业延伸的一种新型尝试,它将旅游项目由陈列式上升到参与式,并使旅游者在热汗淋漓的农耕农忙中体会到劳动所带来的全新生活体验。游客到达目的地后,除了欣赏农村优美的田园自然风光外,还可以亲自参与到一系列的活动中。例如,采摘活动项目,可以让游客获得农事活动体验,品尝自己采摘的果实或亲手制作的食品。采摘作为近年迅速兴起的新型休闲业态,以参与性、趣味性、娱乐性强而受到消费者的青睐,已成为现代乡村旅游和休闲农业旅游的一大特色。现在全国到处兴起茶园、花园、果园、林园等,包括湖北武汉的草莓园、浙江省台州玉环漩门湾观光农业园、浙江省新昌七盘仙谷等。采摘不仅类型丰富多样,还可以深度挖掘,进行细分,针对各类人群打造不同的采摘环境。通过这些活动,游客们能更好地融入乡村旅游的过程中,对农家的生活状态、乡土民情有更深入的了解,而不是作为旁观者纯粹欣赏风景而已。

游客对乡村旅游的喜爱很大程度上是因为它具有体验性特征。乡村旅游不是单一的观光游览项目,而是包含观光、娱乐、康疗、民俗、科考、访祖等在内的多功能复合型旅游活动。乡村旅游的参与者多数是城市人群,他们要么对乡村生活完全陌生,因而感到好奇和向往;要么曾经熟悉乡村生活,而现在已经远离大自然和农村,试图借此重新获得对乡村生活的体验和回忆。在这样的背景下,游客自然会格外看重乡村旅游的体验性,来获得全新的或曾经熟悉的生活体验。

(三)休闲性与差异性

随着人们生活水平的提高和社会发展节奏的加快,特别是工业化和城市化的高度发展,人们越来越向往具有浓郁田园气息的乡村环境,希望到乡土风味浓厚的乡村进行身心放松,乡村休闲旅游成为人们回归自然、放松身心、感受自然野趣、体验乡村生活、进行休闲娱乐的主要休闲方式之一。乡村地域辽阔,自然景观多样,且绝大多数地方保持着原有的自然风貌,加上各地风格各异的风土人情、乡风民俗,使乡村旅游在活动对象上具有鲜明的特点。乡村和农业已由单一的农民自居和农业生产功能,转为集农业生产、观光休闲、农耕体验和教育娱乐等多元功能于一体。例如,拥有"中国竹乡"美称的浙江省湖州市安吉县,精心培育竹产业,延伸产业链,利用竹林景观、竹林生态、竹文化发展竹乡休闲旅游业,已成为浙江省乡村旅游的标兵。类似的还有北京市大兴区庞各庄镇(西瓜文化)、福建省宁德市三都镇(海上渔城)、杭州梅家坞(茶文化)等。

乡村旅游的差异性着重体现在地域和季节两个方面。在地域方面,由于气候条件、自然资源、习俗传统等的不同,不同地方的乡村旅游的活动内容体现出很大的差异性。我国地域宽广,境内地貌特征复杂,气候差异大,以秦岭—淮河为线,被分为南北两部分。南方气候温暖湿润,北方寒冷干燥;南方适合水稻等水田作物的生长,北方适宜小麦等旱地作物的生长;南方地区山区较多,北方地区平原较广等。不同的地理环境和气候特征,孕育了不同的文化,南方和北方在文化上有着较大的差异,包括语言、饮食、生活习惯、生产方式、民间习俗、民居建筑等各个方面。除了南北差异以外,同一地域内不同地区之间的差异也比较大,许多地方都有"百里不同俗、十里不同音"的情况。在季节方面,由于农业活动在很大程度上依赖于季节,因此,随着季节的转变,各地乡村旅游的内容也体现出明显的季节性。乡村旅游资源大多以自然风貌、劳作形态、农家生活和传统习俗为主,农业生产各阶段受水、土、光、热等自然条件的影响和制约较大,因此乡村旅游尤其是那些观光农业在时间上具有可变性特点。乡村农业生产活动有春、夏、秋、冬四季之分。夏、秋季节,农业旅游火爆;冬、春季节,农业旅游冷清。乡村旅游具有很强的季节性,乡村旅游的农耕活动需要依据气候的不同而有所改变,因而游客在不同季节到访乡村旅游景点,也能够有不一样的体验。

(四)怀旧性与低成本性

怀旧表现为一种对过往时间和生活的缺失感和忧虑感,与之相伴随的是重新体验过去的渴望。旅游的兴起是对现代性的本能逃避和反叛,怀旧成为旅游的永恒主题和走出现代性困境的一种有效手段。作为现代性的重要标志之一的城市化为人类创造了休闲舒适的都市生活环境和文化环境,而城市空间的大规模扩张也在某种程度上引致了对自然生态环境的污染和对历史文化遗存的破坏。紧张而忙碌的都市生活加剧了现代人的压力,人们越来越向往简单、朴素的乡村生活方式。在此背景下,乡村旅游得以迅速发展。因此,乡村旅游本质上就是一种典型的怀旧旅游,既可能是农村长大的城市居民对农村生活的一种补偿性怀旧,也可能是城市居民出于逃避城市生活压力的一种怀旧心理,还可能是对过去和历史的一种沉醉,使人们希望去探究更简单、更真实的乡村生活,去探究乡村的历史和过去。现代化都市代表着全球化的现代性,而乡村则代表着传统的地方性,在时间特征上属于过去。在乡村旅游活动中,怀旧既是游客的旅游动机,又是乡村性的一种特殊魅力。

需要说明的是,城市居民热衷于乡村旅游并不意味着城市人想回到前工业时代,只意味着人们对于时间和记忆的一种追寻。人们怀念过去却并不是要回到过去,它仅仅只是对现实不满的一种表达方式。

此外,乡村旅游投资回报期短,风险低。乡村旅游的资源很多时候都是依靠现有的农村资源,而经营者又大多是当地居民,获取本土资源相对简单,只需略加修正、管理,就可以较好地满足旅游者的需求。另外,由于乡村旅游进入的门槛低,容易形成市场竞争,导致经营者常常依靠成本领先取胜。较之于高端旅游,乡村旅游因为无须提供豪华住所、高价食品等,也大都没有"景点门票"的入门成本,所以具有低成本、低价格的特点。这一特点适应了大众化消费的需求,因此作为现代旅游形式的乡村旅游是大众化的。从国内外来看,乡村旅游消费已经普及普通城市居民,尤其是以城市中产阶层为主要客源。

第二节　乡村旅游的发展历程与发展趋势预测

一、乡村旅游的发展历程

（一）国外乡村旅游的发展

乡村旅游最早起源于 19 世纪的欧洲,首先流行于贵族阶层。1855 年,法国的一群贵族在一位参议员欧贝尔的带领下,来到了巴黎郊外农村休闲度假,他们品尝野味,乘坐独木舟,与当地农村居民同吃同住,向当地居民学习制作鹅肝酱馅饼,伐木种树,清理灌木丛,挖池塘淤泥,欣赏游鱼飞鸟,学习养蜂等。通过这些活动,使他们重新认识了大自然的价值,加强了与当地农民之间的友谊。此后,乡村旅游在欧洲兴起。1865 年,意大利"农业与旅游协会"的成立,其标志着乡村旅游活动的正式诞生。

欧洲的阿尔卑斯山区是较早的乡村旅游发展地区,得益于登山旅游和牛车旅游的发展。从 20 世纪 60 年代开始,乡村旅游迅速发展并扩散到欧洲其他国家,尤其是比利时、荷兰、卢森堡、法国和意大利等国。这时,随着市场需求的扩大,经营乡村旅游的农场主群体也已经大大扩张。到了 20 世纪 80 年代,乡村旅游成了解决欧洲家庭农业危机的一种方法。然而,随着旅游业的不断发展,旅游市场竞争日益加剧,自然环境更奇特的地区对游客产生了更大的吸引力,同时乡村旅游的基础设施和服务都面临更加复杂多样化的、个性化的消费要求,乡村旅游并未如预期那样获得丰厚的收益。

自 20 世纪 90 年代以来,因休闲时间格局的改变、假日的细分、"长周末"的发展、健康理念的改变和回归自然的需求等,乡村旅游在欧洲又开始复苏,乡村旅游市场几乎覆盖整个欧洲。此间,乡村旅游相关设施和服务的质量越来越高,休闲活动的内容越来越丰富,价格也越来越有竞争力,所以乡村旅游的发展速度很快。而现在,德国、奥地利、英国、法国、西班牙等国家的乡村旅游已具有相当规模,走上了规范发展的轨道。

西班牙学者 Canoves 等经过研究认为,欧洲的乡村旅游发展大体上经过了三个阶段。

第一,起步阶段。这一阶段的乡村旅游,只是局限于住宿接待,为游客提供自家的房屋、独立住宿设施或乡间露营地等。此类活动可补充农业收入,不会给农业活动造成威胁,因此可以归纳为"绿色旅游"。

第二,发展阶段。第二次世界大战以后,随着城市化进程的加快,城市人口的增加,城市建筑物的高度密集和城市生态环境的日趋恶化,城市居民渴望到城郊乡村休闲旅游的需求增加。于是,乡村旅游进入了一个新的发展阶段。在这一阶段,多样化是其主要特征。旅游者需求的多样化与要求的提升都迫使乡村旅游的接待服务转向专业化。许多乡村旅游经营者提供自然环境下的休闲参与活动或乡土活动。例如,骑马、垂钓、漂流、滑翔、狩猎、乘牛车、短途旅行、乡土教育、治疗、采摘水果等。另外,乡土特产和当地美食都开始商业销售。这一阶段的乡村旅游经营者兼顾了游客们希望与农户家庭接触的要求,活动形式多样化,每个国家和地区都有自己的一种或者几种特色。由于农业盈利相对较少,同时从事农业活动与开展旅游业务也比较矛盾,所以农村的很多农业生产活动被旅游接待活动所取代。有些地区的家畜饲养被"休闲农场"所取代,那里的农业用地往往成了暂时的露营地、马术学校或专项休闲公园,而专项休闲公园则包括宠物园(petting zoos)、农业迷宫(agricultural mazes)等。这种"休闲农场"在法国、英国、德国和荷兰都发展得很好。

第三,成熟阶段。随着人们休闲度假旅游需求的日益增加,单纯观光性质的农业观光园已经不能满足人们的需求,于是,集生产、生活、生态多功能于一体的休闲农场、度假农庄、教育农园、市民农园等开始出现,乡村旅游的功能变得多元化。到了 20 世纪 90 年代,一些西方国家又开始重视文化内涵的挖掘,于是乡村文化旅游开始流行起来。这种类型的乡村旅游主要包括民族文化、农耕文化、民俗风情、农舍建筑、节庆活动等,大大满足了旅游者对文化的认知与体验。专业化是成熟阶段的突出特征。这一特征在英国和荷兰已经相当成熟。在这个阶段中,经营者提出"职业化"的发展要求。这也是切合市场需求的一种经营提升。职业化往往就象征着高品质的产品和优质的服务。

(二)我国乡村旅游的发展

与欧美等发达国家相比,我国乡村旅游起步较晚。它可以说是我国旅游业与农业发展交叉结合的产物。关于它的起源,有不同的说法。有的说是兴起于 20 世纪 50 年代,有的说是兴起于 20 世纪 80 年代后期。当然,最为普遍的说法还是兴起于 20 世纪 90 年代中期。这时候,我国的社会经济得到了很大发展,人们的生活水平提高,精神需求增加,旅游欲望变强。由于城市生活节奏的过于紧张,通过乡村旅游得到放松,成了人们青睐的一项活动。于是乡村旅游开始流行起来。从我国 20 世纪 90 年代以来的乡村旅游发展状况来看,我国乡村旅游可分为三个阶段。

第一,起步阶段。20 世纪 90 年代中期以后,我国工业化和城市化的速度加快,交通运输业大力发展,国民收入稳步提高。在这种背景下,人们的休闲需求出现了。乡村优美的田园风光、良好的自然生态环境能够对城镇居民产生了较大的吸引力。人们会选择节假日在春秋两季与亲朋好友相约组织郊游活动。于是,乡村旅游的最初形态——农家乐就出现了。同时,基于乡村地区旅游景区附属餐饮和住宿的乡村旅游也开始出现。总的来说,这一阶段乡村旅游者的出游动机主要为休息游玩、与亲朋好友互动、农家餐饮等,所以乡村旅游活动主要停留在观光游览的基础层次上,经营主体以个体农民或者小规模集体组织为主。此时,也还没有出现专门的乡村旅游产品,乡村旅游市场处于萌发状态,无政府的支持与介入,也没有理论界的足够关注。

第二,发展阶段。从 1998 年开始,我国乡村旅游进入正式发展阶段。这一阶段政府制定了明确有力的扶植政策,积极举办各种形式的乡村节庆活动,起到较强驱动作用,并为乡村旅游的蓬勃发展奠定了坚实的基础。1998 年,国家旅游局确定当年的旅游主题为"华夏城乡游"。2001 年,国家旅游局把推进工业旅游、农业旅游列为当年旅游工作要点,标志着以农业旅游为形式的乡村旅游活动开始在全国范围内展开。进入 2002 年以后,由于国家三农政策的调整和乡村旅游的持续发展,农民开始寻求新的生财之道,乡村开始出现游客采摘等简易的体验类乡村旅游产品,逐渐开始有观光果园、观光花园、观光农场、农业科技园等出现。此时,乡村旅游的空间范围进一步扩大,除原有的城郊型和景郊型"农家乐"外,在远郊出现以休闲度假为主要职能的"度假村",位于大都市区旁的乡村地区也开始出现环城休闲休憩带的旅游形态。成都的农家乐模式、贵州的村寨模式、云南的旅游特色小城镇模式,以及北京、上海等大城市周边的现代农业观光园都受到了普遍关注。其经营主体仍以个体老板和村级小集体为主。很明显,这一阶段的游客出游动机以观光、体验农业劳动和乡村生活为主,旅游功能有所提升。乡村旅游活动仍以观光游览为主,游览活动较前一阶段更丰富,并出现"多日游"。此外,开始具备科普教育功能。这种经营方式在京津冀、长三角和珠三角地区表现更为明显,并成为大众化、区域化的休闲活动。乡村旅游的理论研究也得到了更多学者的关注,获得了相当大的发展,乡村旅游也开始注重科学规划。

第三,高速发展阶段。2005 年,国家旅游局将 2006 年定为"乡村旅游年";同时,"十一五"规划将社会主义新农村建设列为重要内容。这促使乡村旅游进入了高速发展阶段。在这一阶段,各种不同类型、主题与个性的乡村旅游目的地出现;企业开始介入乡村旅游的发展,开始出现较大规模的农场,或者综合利用农村环境资源,结合农、林、牧、渔等资源,提供多样化的服务,包括住宿、餐饮等,经营主体的经济实力较前两个阶段大为增强;农家旅馆在我国经济发达地区悄然兴起,并成为乡村度假的重要载体。乡村旅游实现了从观光到度假旅游方式的升级,并成为我国广大农村发展第三产业的一条重要途径;各种民俗活动的开发、民间庙会等乡村节庆活动的提倡、地方文化历史的挖掘、乡村空间和景观的美化及营造等具有地方特色的乡村旅游产品开始涌现,乡村旅游与生态旅游、文化旅游等旅游类型相融合,文化层次更高,体验性得到更大凸显。这一阶段乡村旅游获得高速发展,首先,旅游者的消费意识开始发生转变,对于某一群体的旅游者,乡村旅游活动已成为一种经常性的休闲活动,旅游者对于乡村旅游环境、乡村旅游服务及乡村旅游产品的要求在提升,"乡村性"体验和传统文化教育成为主要的旅游动机;其次,各类型非政府组织——乡村旅游协会出现，并逐渐取代政府而成为推动乡村旅游、对行业内部进行自律的主导力量，政府则主要负责宏观政策与法律的制定和行业的监管；再次，乡村旅游经营开始关注乡村旅游科学规划，进行分类指导，加强乡村旅游从业人员培训，以提高旅游服务水平；最后，学者对乡村旅游越来越关注，研究开始向纵深发展，乡村的综合规划和发展，乡村环境改善，乡村旅游的社区参与，乡村文化，乡村产业、文化、环境与乡村旅游的关系，观光农业，乡村旅游可持续发展等问题开始被提出。根据《2017—2023 年中国休闲农业与乡村旅游行业现状研究分析及市场前景预测报告》，截至 2016 年 4 月底，全国有 9.5 万个村开展休闲农业与乡村旅游活动，休闲农业与乡村旅游经营单位达 193 万家，其中，农家乐达 220 万家，规模以上园区超过 41 万家，年接待游客接近 84 亿人次，年营业收入超过 3200 亿元。可以看出，我国乡村旅游的规模变大很多。当然，乡村旅游在快速发展的过程中，也出现了不少需要反思与改进的地方。比如，国内乡村旅游产品主要表现为乡村观光和务农参与两大主要类型，对乡村文化传统和民风民俗资源开发重视不够；乡村旅游过分依赖农业资源，缺乏一定的文化内涵，地域特色文化不突出；无论乡村观光还是农事参与，在产品规划、建设、包装、宣传上都很单调，缺乏相应的旅游服务质量标准和统一的规范，使得乡村旅游产品档次整体偏低。

二、乡村旅游的未来发展趋势

目前，我国乡村旅游不仅有了庞大的规模体量，而且更有广阔的发展前景。从零散的自发开发到政府引导规划发展，从一家一户的小规模开发到产业化发展，从口碑营销到利用网络等多渠道整合营销，形成了具有特色的乡村旅游开发模式，呈现出新的发展趋势。综观我国乡村旅游的发展现状，以及诸多学者的一些研究成果，我们认为我国乡村旅游主要有以下一些发展趋势。

（一）参与主体多元化

我国农家乐在发展初期主要是农民利用自家农田果园、宅院等设施条件向城市居民提供的一种回归自然、放松身心、愉悦精神的休闲旅游项目，多由乡村中思想开放、经济基础较好的农民精英率先创办。比如，天津蓟县毛家峪长寿度假村由时任村支部书记的李锁带头发展起来；广西百色市乐业县火卖村农家乐是在邹应泽和邹龙生兄弟的带领下发展起来的。随着乡村旅游的多元化发展，不仅政府有关部门给予了更多的重视和支持，将休闲农业和乡村旅游发展纳入农村社会经济发展和旅游业发展的体系中加以引导和扶持，而且农家乐的经营者也突破了单一由农民自发投资经营的局面，村民投资、政府支持资金、城市产业投资、城市居民投资、外商投资等多元投资风生水起，经营主体也出现了村民、城市居民和外来投资商等多元并存的格局。在未来，伴随着乡村旅游发展模式的多元化，乡村旅游参与主体也必将越来越多。当然，多元主体参与的乡村旅游发展少不了政府的引导。

（二）更加注重开发创造特色资源

我国早期的乡村旅游都是依托当地既有自然资源发展起来的。比如，成都的农家乐主要是依托特色花卉果园农业资源形成了"休闲游"品牌。北京的农家乐以科技农业、古村落文化和民俗文化为特色，形成了"民俗游"品牌。这一开发模式至今仍然具有重要功效。不过，随着休闲农业和乡村旅游的发展，简单地依托特色资源发展的乡村旅游已难以适应时代发展的要求，所以，乡村旅游不仅要依托特色资源，而且要在原有基础上开发创造更多的特色资源。这在当前已经有不少案例。比如，广西恭城红岩村在发展农家乐过程中，除保持其原有独特秀丽的田园风光和月柿景观之外，还结合新农村建设，统一规划修建了80多幢具有桂北民居风格的乡村别墅，使红岩村的农家乐旅游特色更为鲜明。浙江海宁和田龙农庄在农家乐发展过程中,从东北引入梅花鹿养殖,突破了传统的农家乐经营模式,开创了国内集养殖、观光、休闲、现场采集、养生保健、科普教育于一体的大型农庄。显然,未来乡村旅游的发展也必然更加注重开发创造特色资源,使乡村旅游产业有更强劲的生命力。

(三)生态旅游、文化旅游与乡村旅游的结合将更加紧密

当前阶段,欧洲国家普遍重视发展乡村旅游的绿色内涵,日本比较重视挖掘乡村旅游的社会传统文化,而我国发展乡村旅游更侧重于其带来的经济效益。这是由我国的国情决定的,不过,随着经济的发展和供需主体素质的提高,乡村旅游的生态内涵和文化内涵必将得到重视,这一趋势已经开始显现。

乡村旅游具有人与环境协调的优势,乡村旅游是建立在农业生产和自然、人文环境融合、协调基础之上的,失去了这种融合,乡村旅游就没有了依托;失去了这种协调,乡村旅游就成了无水之源。所以,乡村旅游需要将生态旅游和文化旅游结合起来。这也是与中国传统的"天人合一"的哲学思想和当前构建和谐社会的发展思路相符的。今后的乡村旅游将更加注重合理地开发和规划,改变重设施建设、轻环境营造的现象,进行产品的深层次开发,注重参与性,挖掘乡村旅游产品的生态和文化内涵,努力使农耕文化与现代文化和谐相融,使旅游者在走向自然、回归自然的同时又能体验中国内涵深厚的文化底蕴。

(四)产业集聚化越来越明显

现代产业具有集聚性的规律性要求。乡村旅游作为现代产业当然不可能沿袭一家一户分散发展模式,否则就不能产生集聚效应和规模效应,难以实现持续发展。2013年3月农业部和国家旅游局明确要求全国休闲农业与乡村旅游示范县创建要具备"产业优势突出"的条件,"在全省范围内有一定知名度的休闲农

业与乡村旅游点 10 个以上,总数须超过 100 个;休闲农业与乡村旅游点分布在全县 30% 以上的乡镇区域,形成了一定规模的休闲农业与乡村旅游产业带或集聚区"。这一要求,既是对乡村旅游从分散到产业集聚转型的经验总结,也指出了乡村旅游未来的发展方向。乡村旅游也应当在"合力发展"的基础上,逐步呈现出产业集聚的发展趋势。

（五）管理更为规范化

在乡村旅游发展初期,乡村经营者主要是自发经营农家乐等旅游业务,同时乡村旅游是新事物,一段时期内既没有经营标准,又缺乏管理规范,导致出现了各种问题。比如,广西桂林恭城县红岩村的农家乐,经营初期每个家庭各自经营,村内的卫生环境治理、公共水电费用、安全巡逻、游客安排等一系列问题不断出现。后来,在县旅游局等部门的帮助下,红岩村旅游协会成立,其制定了相应的规章制度和工作职责,于是该村的农家乐经营形成了"农户 + 农民旅游协会"的开发模式,进入了一个规范化经营管理阶段。类似的案例也越来越多。目前,各级政府部门和乡村旅游经营者逐渐形成了实行标准化经营、规范化管理的共识。国家和地方政府有关部门以休闲农业与乡村旅游示范县和示范点创建为主要抓手,提出了农家乐等乡村旅游经营的规范标准和管理条例。各地在积极创建休闲农业与乡村旅游示范点、星级农家乐的同时,按照国家景区管理的标准建设乡村旅游景区。如郫县农科村、锦江区三圣乡分别建成了国家 3A 级和 4A 级景区。可以预测,未来的乡村旅游管理必定会越来越标准、越来越规范。

（六）"互联网 + 乡村旅游"成为重要形态

随着互联网日益在农村地区普及,乡村旅游开始走上了"互联网 + 乡村旅游"的崭新形态。在以前,乡村旅游经营者主要通过散发名片或通过旅行社进行宣传以吸引游客,客源范围相对较为狭窄。进入21世纪后,随着网络技术的发展,网络营销具有宣传范围广、信息传播迅速、成本低的优点,使得乡村旅游经营者很快接受并引入网络营销手段,通过一些门户网站,尤其是农业网站和旅游专业网站进行宣传。当前,已经有很大一批休闲农业和乡村旅游专业网站被创建出来,成为各地乡村旅游宣传营销的主要平台,如农业部创建的中国休闲农业网(全国性休闲农业网站),北京美丽乡村、广西休闲农业频道(地方性官办休闲农业网站)等。毋庸置疑,互联网在乡村旅游中的应用,对乡村旅游的发展具有重大的意义。"互联网+乡村旅游"必将是未来乡村旅游发展的重要形态。

（七）以供给侧改革打造乡村旅游精品

当前,我国正面临着经济结构的转型,供给侧改革已经成为应对经济结构转型及平衡供需的基本路径。乡村旅游作为我国旅游业近些年来发展较快的领域,在供需关系方面面临着巨大的压力,需求与供给两端存在着一定的矛盾。为此,只有不断加大乡村旅游的供给侧改革力度,提升产品供给质量,转型产业结构,才能有效应对市场需求,进而促进其转型升级。从供给侧改革推进乡村旅游有着极为重大的意义。它能够更好地满足旅游者的个性化与多样化需求;能够促进乡村经济发展与农业文化传承;更能够促进全域旅游的结构转型。

具体来说,以供给侧改革打造乡村旅游精品,需要多措并举。

第一,推进农业供给侧结构性改革,加强乡村旅游的要素供给和公共服务设施供给。加强乡村旅游的要素供给,特别是乡村旅游用地政策和金融政策的改革,才能让乡村旅游落到实处。中共中央、国务院发布的《关于落实发展新理念(加快农业现代化)实现全面小康目标的若干意见》(即2016年中央一号文件):"支持有条件的地方通过盘活农村闲置房屋、集体建设用地、'四荒地'、可用林场和水面等资产资源发展休闲农业和乡村旅游。将休闲农业和乡村旅游项目建设用地纳入土地利用总体规划和年度计划合理安排。"实际上为乡村旅游用地政策的落地明确了探索方向。此外,鼓励信用担保机构为新型农业经营主体提供担保服务;鼓励农民合作社开展内部信用合作、创新农业投融资机制。这些政策能加强乡村旅游金融要素供给。当然,乡村公共服务设施供给也是不能不重视的内容。在乡村旅游开发过程中,旅游公共服务设施严重滞后,特别是旅游厕所、旅游信息导览、旅游标识系统等匮乏。而加强公共服务设施供给,不仅有利于改善乡村旅游的环境,提升乡村旅游的品质,同时还可以改善乡村居民的人居环境,统筹推进美丽乡村建设和新农村建设。

第二,构建科学合理的乡村旅游开发规划体系。乡村旅游供给侧存在的规划不合理及盲目开发等问题,在一定程度上影响了乡村旅游的转型升级,也造成了资源的巨大浪费。因此,推进乡村旅游供给侧改革,必须要做好开发规划工作。在乡村旅游规划过程中,要确立长远眼光与目标,使乡村旅游规划设计与本地乡镇规划、农村社区整体规划保持一致,进而突出乡村旅游的本地特色。同时,还应与农村生态环境保护相结合。如果没有地方特色的乡土生态环境,乡村旅游的吸引力必然不会太高。所以,促进乡村生态环境的持续发展,才能够实现开发效益最大化。

第三,推动乡村旅游的跨界融合,丰富"旅游 + 农业"的新业态。乡村旅游应当与农业、乡土文化、信息技术深入融合。在信息技术快速发展的时代,只有推进乡村旅游与农业、文化、信息技术相结合,才能够更好地满足消费者需求。所以,旅游企业不要局限于观光农业、休闲农业和体验农业,要加强乡村旅游中的技术创新,大胆尝试诸如养生农业、创意农业等新业态,要打好民族牌、文化牌、生态牌,挖掘乡村旅游的民族特色和本土特色。乡村旅游特色的打造要突出资源优势,培育乡村旅游精品,突出文化特色,营造乡土文化氛围。

第四,从旅游者的需求角度去思考,增加特色旅游商品的供给。旅游商品目前的问题不是产能过剩,而是落后产能过剩,即同质、劣质的旅游商品产能过剩,而高价值、有特色的产能不足。

旅游商品是乡村旅游汇聚财气的重要突破口,要重点增强旅游商品的文化创意、地方特色和可携带性。例如,浙江省的安吉县,将竹子进行充分利用,打造了各种特色商品。从一开始的竹席、竹垫,到竹子做的电脑键盘,再到竹纤维制作的毛巾和服饰、竹炭系列洗护用品,用竹子为原材料的旅游纪念品数不胜数、叹为观止。

第五,积极引进及培育乡村旅游专业人才。人才是乡村旅游供给侧改革的关键要素,要积极引进和培育大量能够满足乡村旅游所需的人才。所以,当前加大乡村旅游人才引进力度,解决当前人才不足问题,为乡村旅游发展注入活力,是打造乡村旅游精品必须重视的内容。各地政府最好结合本地乡村特色,定期举办旅游人才培训班,提升乡村旅游从业者的综合素质,借鉴国内外乡村旅游发展的先进经验,更好地推动乡村旅游供给侧改革。

第三节　乡村旅游与乡村振兴的双向推动

一、乡村振兴

乡村曾是人类引以为豪的生产生活和生态空间,谱写了人类社会进步的辉煌篇章。但是,随着工业革命的开展,城市化和城市聚落成为人类社会发展和空间组织的新主宰,并不断在创新中阔步前行。在此过程中,乡村逐渐被边缘化,并由此引发了城乡之间的诸多冲突,导致城乡割据不断加剧。面对这一现实,如何在新兴城市发展中进一步激活乡村,进一步传承和发扬人类优秀的文化基因,就成为人们必须要解决的一个难题。为了尝试对这一难题进行破解,我国提出了乡村振兴战略。

（一）乡村振兴战略的提出历程

在党的十九大报告中,习近平总书记创造性地提出了乡村振兴战略。之后,中央经济工作会议、中央农村工作会议、中央一号文件等对乡村振兴战略作了进一步的战略部署,并积极指导各部门有序分类推进乡村振兴。

1. 乡村振兴战略的首次提出

2017年10月18日,习近平总书记在作《决胜全面建成小康社会 夺取新时代中国特色社会主义伟大胜利》的报告时,首次提出了乡村振兴,并将其作为一个重要的国家战略。乡村振兴战略的提出,既表明了在党中央的工作中"三农"问题始终占据重要的地位,又进一步指明了农业农村实现现代化的方向。

该报告中,习近平总书记还进一步指出了乡村振兴战略的总体要求,并作出了相应的工作指示。其中,乡村振兴战略的总体要求是产业兴旺、生态宜居、乡风文明、治理有效和生活富裕。与乡村振兴战略相关的工作指示有以下几个。

第一,不断对农村的基本经营制度进行巩固与完善,并依据农村发展的现实不断对农村土地制度进行深化改革。

第二,进一步对承包地"三权"分置制度进行完善,确保土地承包关系能够保持长久的稳定性。

第三,进一步对农村集体产权制度进行深化改革,切实对农民的财产权益予以保障,并在此基础上促使农村集体经济不断得到壮大。

第四,积极促进农村的三大产业进行融合发展,并不断扩大农村经济的增收渠道。

第五,加强农村基层基础工作,健全乡村治理体系。

第六,积极构建涉及产业、生产和经营的现代农业体系。

第七,培养造就一支懂农业、爱农村、爱农民的"三农"工作队伍。

2. 乡村振兴战略的战略部署

2018年2月4日,中央一号文件《中共中央国务院关于实施乡村振兴战略的意见》对如何实施乡村振兴战略作了全面部署,因而被认为是走中国特色社会主义乡村振兴道路的宏伟政策蓝图。

该文件明确了乡村振兴战略的阶段性目标,即 2020 年要确保乡村振兴取得重要进展,制度框架和政策体系基本形成;2035 年要确保乡村振兴取得决定性进展,农业农村现代化基本实现;2050 年要确保乡村全面振兴,农业强、农村美、农民富全面实现。

该文件明确了乡村振兴战略的新五大要求,即通过产业的发展来促进农业发展质量的提高,通过对生态的保护来实现人与自然的和谐发展,通过文明乡风的建设来促进农村的精神风貌以及农村的整体社会文明不断得到提升,通过治理以治理有效为基础、加强乡村基层基础工作来构建现代乡村社会治理体制新体系,通过不断提高农村的民生保障水平来实现农民的生活富裕。

该文件明确了乡村振兴战略的原则,即坚持党管农村工作、坚持农业农村优先发展、坚持农民主体地位、坚持乡村全面振兴、坚持城乡融合发展、坚持人与自然和谐共生、坚持因地制宜和循序渐进。

3.乡村振兴战略的规划指导

在 2018 年,《国家乡村振兴战略规划(2018—2022 年)》的出台,为乡村振兴战略的实施作出了规划指导。该规划明确要求各级党委和政府要不断提高思想认识,切实将实施乡村振兴摆在优先位置,把党管农村和坚持农业农村优先发展的要求落到实处。同时,各地区各部门要依据发展的实际情况,积极制定具有可操作性的、科学的乡村振兴规划或方案,并切实对制定好的规划或方案予以实施。

(二)乡村振兴战略实施的关键点

乡村振兴战略实施的关键点,包括创新投融资机制,解决乡村建设"钱"的问题;深化农村土地制度改革,释放"地"的红利问题。

"三农"问题一直是关系我国国计民生的根本性问题。由于金融是现代经济的核心,是经济运行的血脉,也是支持农业现代化建设、推动农村经济发展的关键一环。因此,在实施乡村振兴战略时,必须高度重视农村金融的改革与发展,在确保其始终保持正确发展方向的同时,健全与农业农村特点相适合的农村金融体系,推动农村金融机构回归本源,把更多金融资源配置到农村经济社会发展的重点领域和薄弱环节,更好满足乡村振兴多样化需求。此外,要注意强化农村金融服务方式创新,防止脱实向虚倾向,严格管控风险,提高金融服务乡村振兴的能力和水平。

由于农业发展的根本是土地,农村稳定的基础是土地,农民脱贫致富的命根子是土地,解决"三农"问题最核心的关键还是土地。因此,在实施乡村振兴战略的过程中,应积极探索宅基地所有权、资格权、使用权"三权分置",吸引资金、技术、人才等要素流向农村,使农民闲置住房成为发展乡村旅游、养老、文化、教育等产业的有效载体。其中,预留部分规划建设用地指标用于单独选址的农业设施和休闲旅游设施等建设,这些土地政策为乡村旅游的发展夯实了基础。

二、乡村旅游与乡村振兴

(一)发展乡村旅游有助于实现乡村振兴

在乡村振兴中,乡村旅游作为重要担当和助力,将会大有作为。具体来说,乡村旅游对乡村振兴的作用主要表现在以下几个方面。

1.乡村旅游是乡村经济转型的新引擎

在发展乡村经济时,乡村旅游既是一个十分重要的载体,又发挥着重要的引领作用,被认为是乡村经济转型的新引擎。具体来说,乡村旅游对乡村经济转型的引领作用主要表现在以下几个方面。

第一,乡村旅游的发展能够有力地促进农村三大产业之间的有机融合与有序发展,构建农村新的产业优势,促进农业全面升级,让农业成为"有奔头"的产业。

第二,乡村旅游是一种综合性的产业,在发展的过程中能够有效激活以乡村环境、传统村落、特色文化、传统生活方式等为代表的潜力要素资源,继而吸引大量的投资进入乡村旅游市场,使乡村旅游的投资不断得到升级。

第三,乡村旅游在发展的过程中,始终以市场消费需求为导向,并注重通过对要素资源的有效整合,不断开发新的业态和新的产品。如此一来,乡村旅游便能不断打造新消费空间,培育新消费群体,继而在促进乡村旅游消费不断升级的同时,促进乡村旅游的可持续发展。

2. 乡村旅游是乡村环境优化的新契机

在促进乡村振兴时,必须要以生活环境、生产环境、生态环境为基础,而这也是乡村旅游发展的基底。乡村旅游发展注重对基础公共服务设施的建设,有助于营造和谐文明的生活环境;注重对农旅产业的融合发展,有利于构建健康舒适的生产环境;注重对乡村生态环境的综合整治,有助于保护绿水青山的生态环境。因此可以说,乡村旅游是乡村环境优化的新契机。

3. 乡村旅游是乡村文化繁荣的新舞台

在促进乡村文化复兴的过程中,乡村旅游是一个十分有效的手段。因此,乡村旅游被认为是乡村文化繁荣的新舞台,具体表现在以下几个方面。

第一,乡村旅游的发展,能够为乡村传统文化提供优质的空间载体和创新的传承方式,继而促使传统文化被再次发现、保护、提升和利用,并通过与当代文化等的交流与碰撞,重现焕发出生机。因此,乡村旅游是传统文化得以传承与发扬的重要途径。

第二,乡村旅游在环境卫生、社会风貌、服务水平及文明程度等方面有着很高的要求,而这也能够在一定程度上改善乡村的环境卫生以及村容村貌,并不断提高村民的整体素质。如此一来,乡村的文明程度便能不断得到有效提高。

第三,乡村旅游在发展的过程中,能够吸引大批的动漫、文创、互联网、时尚等新兴产业的优秀企业和人才,这对于乡村文化的创新发展来说是十分有利的一个条件。

4. 乡村旅游能够促进乡村有效治理的实现

乡村旅游在发展的过程中,对环境、服务以及产品的要求都不断提升。而为了实现这些要求,必须不断加强对乡村旅游经营主体的规范管理和对游客与村民的文明引导,持续优化乡村旅游市场秩序。如此一来,乡村也能得到有效治理。

5. 乡村旅游能够不断提高农民的生活质量

乡村旅游能够不断提高农民的生活质量,这具体是通过以下几个方面表现出来的。

第一,乡村旅游的发展能够为乡村提供更多的就业岗位,继而有效拓展农村的就业渠道。如此一来,农民的就业就有了保证,收入水平也会不断提高。

第二,乡村旅游的发展能够促使农特产品的销路不断扩宽,这也是增加农民收入的一个重要途径。

第三,乡村旅游在发展的过程中,会适当引入城市休闲娱乐元素(如酒吧、剧院、创意博物馆、音乐节等),打造体验化、创意化、生活化的乡村旅游活动,升级乡村休闲娱乐方式,这对于提升农民的生活质量也有重要的作用。

(二)乡村振兴战略是乡村旅游发展的重要机遇

乡村振兴战略为乡村旅游的发展提供了重要的机遇,能够促使乡村旅游在健康快速发展的同时,在未来有更大的作为和更大的担当。具体来说,乡村振兴战略为乡村旅游发展提供的机遇主要表现在以下两个方面。

1. 乡村振兴战略为乡村旅游发展提供了政策机遇

乡村振兴战略为乡村旅游发展提供了重要的政策机遇,具体包括以下几方面的内容。

第一，乡村振兴战略鼓励发展多元主体，积极扶持小农户，培育发展家庭农场、合作社、龙头企业、社会化服务组织和农业产业化联合体。同时，乡村振兴战略注重进行产业业态创新，鼓励发展休闲农业、康养农业、创意农业等多元新业态，深入推进农业绿色化、优质化、特色化、品牌化。这可以说为乡村旅游的发展指明了新途径。

第二，乡村振兴战略强调以顶层规划引领乡村系统发展，加强乡村规划建设，有效实现多规合一。其中，在进行顶层规划时，要注意突出重点、分类施策，为规划建设做好指引功能；在进行乡村规划时，要注意编制县域乡村建设规划；在实现实施多规合一时，要注意与县乡土地利用总体规划、土地整治规划等充分衔接并合一。如此一来，进行乡村旅游规划便具有了重要依据。

第三，乡村振兴战略强调改善农村人居环境，加强基础设施建设，推进厕所改造。这为乡村旅游的发展提供了重要的环境基础，也是乡村旅游吸引旅游者的一个重要前提。

第四，乡村振兴战略要求通过盘活、预留、复合利用和探索试点等方式，进一步对农村的用地政策进行松绑。如此一来，乡村旅游的发展便能获得土地支持，多种乡村旅游项目便能够落地实施。

第五，乡村振兴战略鼓励通过设立引导基金等方式撬动金融和社会资本投向旅游领域，以财政补贴、贷款贴息、资金补助等方式鼓励发展PPP旅游示范项目和旅游扶贫示范项目。这可以说为乡村旅游的发展提供了重要的资金政策机遇。

第六，乡村振兴战略强调加强对乡村人才的培养，这能够为乡村旅游的发展提供人才支持，并进一步提高乡村旅游的服务水平。具体来说，乡村旅游通过乡村振兴战略可以获得的人才主要有乡村旅游经营管理人才、乡村旅游专业技能人才、乡村旅游创业创新人才、乡村旅游服务人才等。

2.乡村振兴战略指明了乡村旅游发展的重点

乡村振兴战略指明了乡村旅游发展的重点,具体内容如下。

第一,乡村旅游在发展的过程中,要重视特色乡村精品项目的建设。乡村振兴战略指明应重点打造特色乡村精品项目(如度假乡村、休闲农业产业园、文化创意产品、乡村民宿等),打造现代农业、创意农业、特色文化产业、休闲农业、科技农业等旅游产品。

第二,乡村旅游在发展的过程中,要重视生态环境保护。乡村旅游发展应在严守生态红线的前提下,以绿色发展为理念,加快推进村庄绿化,重点打造生态农庄等生态旅游产品,转化生态资源优势,放大生态资源价值,保护好美丽乡村的底色,为打造乡村旅游精品工程创造条件。

第三,乡村旅游在发展的过程中,要重视产业融合。乡村旅游在发展的过程中,要注意推动自身与农业、工业、信息业、文化体育、科技教育、健康养生、电子商务和文化创意等产业的全面融合发展,切实推动三大产业的融合发展。

第四,乡村旅游在发展的过程中,要重视对文化遗产的保护,做好传统文化申遗工作,编制传统工艺振兴计划和非物质文化遗产保护规划等。与此同时,乡村旅游的发展也要注重对文化遗产进行适度利用,并注意在利用过程中对文化内涵进行深入挖掘。

第五,乡村旅游在发展的过程中,要注意放宽旅游市场准入标准,鼓励社会资本和各种所有制企业公平参与,并严格按照标准把控旅游市场准入关口。

第六,乡村旅游在发展的过程中,要重视完善行业监管机制,主要包括乡村旅游经营主体的自管自治和乡村旅游协会、产业联盟等组织对乡村旅游市场的严格监管。

第七,乡村旅游在发展的过程中,要重视通过旅游带动乡村精准扶贫,强调科学编制乡村旅游扶贫专项规划,通过多种方式助力乡村脱贫,并提供人才、资金等保障措施。

第二章　新时期乡村旅游规划研究

乡村旅游凭借农业资源系统的良性循环模式,向游客展示了一个农村地域生产和生活的时空整体。但如何更好地把握并驾驭这一基础系统,实现乡村旅游的有序发展,这就势必要求做好乡村旅游的规划。乡村旅游规划是根据乡村旅游发展规律和市场制定目标,以及为实现这一目标而进行的各项旅游要素的统筹部署和具体安排。乡村旅游规划不仅是一项技术过程,而且是一项决策过程。它不仅是一种科学规划,而且是一种实用可行的规划,二者必须同时兼顾。在新时期,乡村旅游规划应该顺其自然、顺应潮流,做到既能持续地吸引游客,又能使乡村地区在保持原来生活方式的基础上逐步发展,并能使当地居民从中获益。

第一节　乡村旅游规划的特点及理念

一、乡村旅游规划的特点

乡村旅游规划的特点主要体现为以下几方面。

（1）战略化。乡村旅游规划的编制关系到乡村旅游区未来的发展方向,是乡村地区经济发展中的一个重要环节。因此,乡村旅游规划立足于战略的高度,协调好旅游规划区长远利益与眼前利益的关系,注重乡村旅游产业长期竞争力的培植与提升。

（2）寻求差异性。不断攀升的国民生产总值,不断丰富的人民物质生活,形成了旅游业发展和繁荣的大环境。城市居民希望摆脱高楼峡谷、水泥森林,缓解工作高负荷的压力,满足怀旧和对自然向往的需求,带动了乡村旅游的飞速发展。2010年北京市旅游委信息中心抽样调查结果显示:71%的游客选择娱乐休闲场所作为度假首选,其中户外运动、温泉养生、山地拓展等休闲娱乐活动逐渐成为消费潮流。北京庞大的中高端消费群体已经逐步将消费重心转移至生态环境良好的郊区。乡村旅游需求市场是一个差异化市场,规划中应该根据需求市场差异化进行市场开发以适应市场需求。

(3)多元化。乡村旅游规划的多元化特征是由旅游规划的学科特征所决定的,主要表现在旅游规划编制组成员、旅游规划的技术方法和手段的多元化上。

(4)偏重休闲旅游。乡村旅游与休闲度假旅游具有类似的特点。注重休闲和娱乐、健康身心等需求,同时乡村旅游在很大程度上存在重复消费的特点。尤其是针对单位团体高端旅游,可以根据实际情况和客户需求量身定做产品。

(5)系统化。乡村旅游规划不是一项独立的工作,它与乡村旅游地经济社会发展的各个方面有着密切的联系,如旅游规划专家组与本地旅游业界和学术界的关系、乡村旅游区各利益相关者之间的关系等。因此,乡村旅游规划是以系统化的观点进行编制的。

二、乡村旅游规划的理念

乡村旅游规划应遵循可持续发展思想、动态发展思想、社区参与思想、生态旅游思想这几个理念。

(一)可持续发展思想

在规划哲学理念上,可持续发展已经成为全世界的共识。在乡村旅游规划中,更应该倡导可持续发展思想,因为乡村环境和乡村文化本身的脆弱性特征,要求在可持续发展原则的指导下,有效地开展乡村旅游规划工作。基于乡村旅游资源开发的分散性、脆弱性及可持续发展本身对乡村旅游资源的合理开发及科学利用所具有的重要影响,近年来,国内外不少地区在发展自身的乡村旅游业时均十分重视可持续发展方式在其中的影响与运用,并为促进乡村旅游业的可持续发展作出了自己的贡献,如桂林阳朔。

作为我国乡村旅游业发展最早的地区之一,广西桂林的阳朔县地处桂林市区南面,陆路距桂林65km,水路距桂林83km;境内气候温和、四季宜人,不但有众多景色秀美的喀斯特岩溶地貌,而且漓江水系纵贯全境,"山清、水秀、峰奇、洞美",风景名胜,天下闻名。据统计,全县共有奇异山峰20000多座,大小河流16条。这里既有世界奇观莲花岩、壮族歌仙刘三姐抛绣球定情的千年古榕、令人叹为观止的月洞奇观以及被誉为"小漓江"的遇龙河,又有其他许多风姿各异的山水和田园风光。不仅如此,阳朔的人文旅游资源既丰富又很有特点,尤其是许多颇具特色的古老村寨更使阳朔的民俗风情旅游享誉国内外。除了丰富的乡村旅游资源,阳朔各级政府及相关社区群众也采取了不少行之有效的乡村旅游发展对策措施。第一,大力推行乡村旅游资源可持续开发及环境保护政策。乡村旅游的最大特点就是其不同于城市和其他旅游景区的乡土气息和民俗民族文化特色,旅游资源的合理开发与对景区景点环境的保护具有重要意义。阳朔兴坪镇渔村使用低碳的沼气,少烧或不烧高碳的秸秆。由于沼气在保护环境,尤其是景区的空气保护方面具有自身的优势,因此近年来阳朔不仅关掉了20多家砖厂、化工厂、淀粉厂、糖厂等高碳排放企业,还大力发展了沼气。为促进环境的进一步改善,2010年阳朔又加快了低碳旅游试验区建设步伐,"全县人工造林9000亩,新建沼气池1000座以上,用起了太阳能路灯,跑起了200多辆低碳电瓶车。同时,还巧用人工湿地过滤治污,结束污水直排漓江的历史"[①]。上万辆观光用的零碳自行车也成了亮丽的风景。第二,乡村旅游景

---

① 蒋满元.基于区域扶贫开发视野的乡村旅游可持续发展问题研究[M].长沙:中南大学出版社,2016.

区景点建设不断推陈出新。为了吸引更多的旅游者来阳朔旅游观光,政府和村民十分注重对乡村旅游景区景点内涵的挖掘,注重改造老景点,引进外资建设新景区,注意开发新景区和推出新线路。例如,古榕公园过去只提供旅游者观赏"一蔸树",现阶段则充分挖掘"刘三姐"人文资源,开发了一些具有民族特色的表演及旅游者参与项目,丰富了其内涵,旅游者十分喜欢,景区也取得了很好的经济效益。第三,十分关注旅游景区景点社区居民的利益。乡村旅游能否获得可持续发展的动力,社区居民的理解、认同与积极参与意义巨大。在乡村旅游发展过程中,阳朔相关政府部门及企业十分关注对社区居民利益的维护,想方设法使社区居民支持乡村旅游业的发展。2006 年,阳朔县由政府主导成立了溯源遇龙河漂流公司,改变小、散、乱的管理体制,整合各种资源和利益诉求,开启利益共同体,推行管理一体化和标准化模式。新模式推行后,市场规范,多方得利,皆大欢喜。原来的筏工重新上岗,收入上涨;同时公司又拿出总收入的 10% 来反哺沿岸居民。第四,加强乡村旅游业发展的基础设施建设。为此,1979 年就拆除了县城东古城墙,开辟为旅游停车场;1981 年修建了迎薰门旅游码头,建成大榕树停车场;1984 年建成龙头山旅游码头;1995 年扩建兴坪旅游码头;2001 年建成县城电瓶车道和阳朔公园旅游停车场;2003 年 9 月开通县城—月亮山、县城—遇龙河等七条景区观光车线路。第五,重视文化乡村旅游营销与经营监管。在乡村旅游业发展的市场营销方面,阳朔县的旅游和宣传部门经常热情邀请中央电视台及全国旅游、经济较发达省市的电视台、电台、报刊等新闻媒体到阳朔采访拍摄,全方位宣传阳朔;同时在主动走出去宣传促销方面也做了许多工作。实践证明,上述行动对促进阳朔乡村旅游业的可持续发展起到了很大作用。

（二）动态发展思想

乡村旅游规划动态发展的思想主要表现在两方面:第一,目标和内容的动态演进。乡村旅游规划是一种控制和管理系统,其发展目标和规划的内容要随着系统内资源、市场、区域和乡村条件的变化而作出相应的调整、改变。第二,乡村旅游规划具有一定的弹性,并且随着时间的推移而增大,当然,近期性的规划则应该具有一定的稳定性和可行性,而远期性的规划则更需要体现动态发展的思想。

(三)社区参与思想

社区参与乡村旅游发展是以乡村居民为中心的本质要求。世界旅游组织早在 1997 年就曾经明确提出将居民作为旅游业发展的关怀对象,并把居民参与当作旅游发展进程中的一项重要内容。社区居民作为乡村旅游业发展的主要利益群体,有权对旅游规划的制定与实施发表意见甚至直接参与决策。传统乡村旅游规划大多偏向考虑旅游市场需求、环境因素、社会宏观条件等方面内容,乡村居民的意见和利益在规划中不能被体现,乡村居民成为乡村旅游规划的边缘人,在没有任何双向交流的情况下被动接受政府的旅游规划。而社区居民参与乡村旅游规划,居民主动收集、提供资料,政府与居民直接交谈;居民主动,政府积极,双方参与程度高;多方和谐,多方支持,阻力小,效果好。印度尼西亚巴厘岛在制定旅游发展之初,专门邀请当地土著居民为旅游发展提出建议,旅游规划均参考当地居民合理意见,当地土著居民一直以主人翁的姿态贯穿旅游发展全过程。

在乡村旅游规划中实施社区参与能够协调社区居民与当地政府、开发商、旅游者等之间的关系,实现各方的利益诉求,也有助于规划设计与当地环境、社区和文化协调一致的产品。同时,社区公众参与旅游规划有利于提高游客体验的真实性,使旅游者欣赏到原汁原味的自然生态和民俗文化。

(四)生态旅游思想

20 世纪末,全球范围内兴起了以保护人类自身生存环境为主题的绿色化浪潮。在此背景下,生态旅游作为"回归大自然"的"保护性旅游"概念应时而生。生态旅游修正了传统大众旅游对资源及环境的认识误区,其目的在于为传统旅游业的可持续发展寻找一条通道,进而成为促进生态、经济和社会的可持续发展的基本保障。生态旅游的兴起,是人们对自然环境的兴趣不断提高的结果,是人们的环境保护意识不断增强的结果。它是一种不以牺牲环境为代价,与自然环境相和谐的旅游,是以走近保护区、亲近大自然为主题的旅游。生态旅游是以大自然为舞台,以生态学思想为指导,以休闲、保健、求知、探索、保育为目标的一种可持续、可循环发展的旅游模式,它强调生态效益、经济效益和社会效益的统一,提倡旅游者的参与,是一种促进生态建设的健康型旅游活动。

第二节　乡村旅游规划基础分析

基础分析是规划编制中各项工作得以顺利开展的保障。科学、客观、翔实的基础资料整理和分析,能够为规划的后续工作打下坚实基础,是项目与产品能够落实到规划地区的关键。编制乡村旅游规划,第一步是对发展旅游的基础条件进行研究分析,包括规划地区的概况陈述、区位条件、发展条件、旅游资源调查、旅游市场调查以及旅游容量的分析。

一、概况陈述

概况陈述就是对规划地区的基本情况和背景的介绍,包括对乡村旅游规划区所处的行政区域的经济、社会、人文、历史等多方面的综合考察,以及对当地旅游产业发展状况的全面把握。其主要依据是现有的资料,如通志、地方志、年鉴、政府报告、统计年报以及相关历史地理文化资料、地区总体规划、周边地区历史地理文化资料。资料的占有应该尽可能全面,准确可靠。

概况陈述的内容,主要有以下几个方面。

（1）自然地理情况,包括地理位置、气候特征、地形地貌、土壤性质、水文分布、植物种类和分布、动物种类和分布等。这些资料是确定资源开发、规划布局、功能分区、环境保护所必备的。

（2）人文历史情况,包括历史沿革、民俗风情、民族宗教、衣食住行、建筑源流、名人活动以及包括口头非物质民间文化在内的文学艺术等。一个地区的历史文化传统是它的文脉。挖掘当地的历史文化,详细陈述人文历史情况,是规划人文类旅游的依据。

（3）社会经济情况,包括人口变迁、民族分布、建置沿革、经济水平、产业结构等。

（4）旅游业发展现状,包括现有旅游业的产业规模、发展过程、产业特点、存在问题等。现状是发展的基础,只有深切掌握现状,才能从基础出发继续前行。

二、区位条件分析

区位主要指旅游地的空间环境。区位分析是通过对旅游地社会经济条件的分析,明晰旅游目的地和旅游客源地的空间关系。区位条件是乡村旅游选址的最重要因素,它直接关系到乡村旅游区的兴衰。乡村旅游目的地竞争力的大小取决于其客源腹地,而客源市场的规模正是区位条件的表现。在新农村建设中,不是所有的乡村都能够发展旅游业,发展旅游业要求乡村要具备一定的区位优势和资源优势。

乡村旅游规划的区位分析,应该着重注意以下几个问题。

（1）乡村旅游地所在区域的宏观环境。开发一个村、镇、县的乡村旅游,不能就村、镇县来谈村、镇、县,而要把它放在一个相对比较宽广的空间范围里来分析区位条件,包括整个区域的历史背景、经济发展水平、政治文化条件、交通通达情况,以及整个区域在国内外的知名度。区位分析,首先要分析宏观的整体环境。

一个旅游目的地良好的政治、经济和社会文化环境,会促进当地旅游业的快速发展;反之,若地方政府、政策不支持旅游业的发展,或当地的社会文化氛围较差,排斥外地人的进入,就会极大地阻碍旅游业的发展。而自然环境很大程度上就是乡村旅游资源禀赋的状况,显然拥有生态环保质量高、优美独特的自然环境条件,会提高目的地的吸引力。

（2）乡村旅游地在区域环境中的地位。宏观环境是乡村旅游的外部诱因,区位分析还要着重分析乡村旅游地在区域中的地位,包括地形特征、资源特点、产业特色,以及在区域中经济发达程度的排位,当地居民的社会人均收入、文化教育程度等。其中,根据各乡村旅游地资源的特点,通过制定乡村旅游特色业态的标准来鼓励发展特色产品形态,有助于乡村旅游的可持续发展。北京旅游行政部门针对这一发展趋势,前瞻性地制定了乡村旅游特色业态标准,对北京市乡村旅游实现产品差异化、错位经营发挥了重要的作用。例如,2009 年制定的《乡村旅游特色业态标准及评定》,规定了养生山吧、山水人家、国际驿站、休闲农庄、乡村酒店、生态渔家、民族风苑、采摘篱园 8 个乡村旅游新业态的地方标准,成为全国首批乡村旅游新业态地方标准。总之,分析乡村旅游地在区域环境中的地位,目的是把握发展乡村旅游业的内因条件。

（3）乡村旅游地和中心城市、依托城市和城镇的关系。城镇是地区政治、经济、文化、交通的中心地和集散中心,不仅具有较高的知名度、较为完善的基础设施和服务设施,而且也往往是交通的枢纽,因此城镇是乡村旅游的人流集散中心、基础保障基地。中心城市应该成为乡村旅游的窗口,城镇是乡村的后盾和保障,相互形成互动关系。进行区位分析时要十分重视该地区城市和城镇的旅游功能以及对乡村旅游的支撑和带动作用。

（4）乡村旅游地和交通干线的关系。交通是旅游发展的关键性因素,旅游者能否"进得来、出得去、散得开",是旅游业能否发达兴旺的关键。一个乡村旅游地是否拥有便捷的区际交通网络、可进入性优劣程度,直接影响到乡村旅游的客源吸引范围,进而影响到乡村旅游的竞争力。在分析乡村旅游地和交通干线的关系时,应该分析大交通(外部交通)的种类、布局、网络化程度,小交通(内部交通)的种类、布局、密度、等级,大交通和小交通的衔接以及公交化程度。分析交通关系,不但要分析内外交通的现状(包括优势和瓶颈两方面),还应分析国家和地区交通发展对本地区旅游发展所带来的潜在的机遇或威胁。一般来说,区位与交通越优越的乡村旅游地对旅游者的亲近度也越高,并决定着一个旅游目的地旅游资源的相对价值、市场规模、旅游发展前景,进而影响其空间竞争力。

（5）乡村旅游地和相邻旅游区的资源比较。每一个地区在开发旅游产品时,都要突出自己的特质及与相邻地区的区别,乡村旅游也不例外。梳理本地区的旅游资源,为的是挖掘自身的个性,有意识地凸显与相邻地区的不同特质。不同地点的乡村旅游都突出自身的物质特性,就可以形成自己的特色,相互之间形成错位经营、联动经营。

三、发展条件分析

发展旅游业必须具备一定的主客观条件。在编制乡村旅游规划时,应该对本地区发展乡村旅游的相关条件进行实事求是的分析。这种分析的方法,以 SWOT 的分析法最为常用。

（一）SWOT 分析法

1. 内部优势（strength）分析

根据旅游产业的各项要素,客观地分析乡村旅游地自身在区位、资源、产业基础、市场、经济水平、政策保障等方面所具备的优势。这些优势应该足以保证旅游业的吸引力和正常运转。乡村旅游的发展应该建立在这些优势的基础之上,规划应对这些优势整合开发提出对策和提供依据。一般而言,乡村旅游的优势主要体现在乡村旅游产品的特色性,而且有最稳定的客源主体。就乡村旅游产品而言,其包括乡村景观资源和乡村意境以及乡村旅游吸引物体系。乡村旅游资源由表层部分和深层部分构成。能够被所有旅游者感知的包括乡村自然风景、动植物、农产品、村落风貌、村民农事活动、日常饮食起居、礼仪祭祀等器物层面的旅游资源是表层的乡村旅游资源;而只能被一部分人感知的诸如乡村景观的美学价值、环境生态价值、社会伦理价值、道德美学价值、历史文化价值和地方文化价值等是深层次的乡村旅游资源。由于乡村旅游的这些独特资源是其他传统旅游所不具有的,特别是乡村景观意境,更是乡村旅游所独有。这些独特的旅游资源能够对目标群体产生强烈的吸引力,从而为我国的乡村旅游带来稳定的客源主体。

2. 内部劣势(weakness)分析

目前我国乡村旅游还处于发展初级阶段,存在很多问题。第一,定位不明,盲目跟风,缺乏模式创新。第二,脱离"乡村性",呈现"飞地化"特点。第三,空间布局不合理,整体风貌不协调。第四,旅游内容不丰富,产品单一。目前多数乡村旅游产品还停留在"吃、购"方面,"游"的元素比较少。乡村旅游主要体现的是"农"的特色、"家"的体验、"乐"的感受,但目前许多乡村旅游项目在内容设计方面偏离了方向,导致乡村旅游景点内容千篇一律,游客对乡村旅游景点出现了"审美疲劳"。第五,人才匮乏。乡村旅游企业由于不在城区,因此,在引进高端人才方面存在先天不足;同时,一般服务人员由于来自周边农村,缺乏系统培训。因此,管理人才和服务人才匮乏成为目前乡村旅游企业急需解决的问题。

3. 外部机遇(opportunity)分析

外部机遇为旅游业发展提供大环境。内因是根据,外因是条件,但一个良好的外部机遇往往是发展旅游业成败的重要因素。外部机遇包括国内外的整体宏观环境、国家的宏观经济形势和政策走向、国家和地区(省、市)的产业导向等对本地区旅游业发展可能产生的影响。这些因素可能并非属于旅游产业范围,但同样是编制乡村旅游规划的重要依据。

4. 外部风险(threat)分析

旅游业是一个十分敏感的产业,政治经济、国际国内外形势等都会对旅游业带来波动和影响,尤其对乡村旅游市场会产生相当大的影响。乡村旅游规划应对可能产生的风险作出客观预测,并为回避这些外部风险提供对策和提出依据。

(二)以河南乡村旅游发展为例的 SWOT 分析

发展条件分析,是对一个地区发展旅游业的最基本的可行性分析,也是旅游业发展规划最重要的基础分析之一。河南是农业大省,地形条件复杂,气候类型多样,多条江河水系交汇于河南,形成了各具特色的农业生态类型及景观区域组合,再加上动植物资源丰富多样,盛产苹果、梨、桃、枣、葡萄、樱桃等多种温带水果和各种蔬菜及花卉,这些对城市旅游者都形成了强烈的吸引力。下面就以河南乡村旅游发展为例,采用 SWOT 方法对其发展条件进行分析。

1. 优势

(1)资源丰富,民俗多样。河南得天独厚的地理位置和悠久的历史文化,使其有着较为丰富的乡村旅游资源。河南地处中原,是华夏文明的发祥地,形成了许多历史文化名村镇,这些村镇及其蕴含的丰富文化构成了独具特色的乡村民俗文化旅游资源。较为典型的有位于郏县的临沣寨,素有"中原第一红石古寨""古村寨博物馆"的美誉,是河南引以为豪的中国历史文化名村。禹州的神垕镇、淅川县的荆紫关、开封的朱仙镇也是我国著名的历史文化名镇。这里有风格古老而独特的乡村建筑,以及传承多年的乡村节庆、农作方式、生活习惯和趣闻传说等。此外,随着农业科技和现代化的发展,在中原大地上出现了一些高新科技农业示范基地,这为乡村旅游的发展增添了新的亮点。河南省已建和在建的高科技农业观光园有河南省农业高新科技园、郑州黄河农业科技示范园、南阳台湾现代农业示范园、河南省正阳县旱作农业示范园和安阳市生态农业示范园等,为乡村生态旅游的发展增添了新的亮点。这些异彩纷呈的文化习俗和现代农业科技,对城市旅游者有着强烈的吸引力。

(2)区位优势明显,陆空交通便利。河南素有"九州腹地、十省通衢"之称,自古以来就是我国南来北往、东去西行的必经之地,优越的交通运输条件使河南成为全国重要的内陆交通运输枢纽。公路四通八达,实现了村村通公路。铁路方面,省内基本形成以郑州为中心,由京广、焦枝、京九三条纵线和焦菏、陇海、漯阜、宁西四条横线,以及15条地方铁路和中央各支线铁路构成的铁路网。四通八达的公共交通,为人们进行乡村生态旅游提供了便利条件。交通条件的日益便利,大大增强了旅游业的活力,特别是县乡交通条件的改善增强了乡村旅游景区的可进入性,为乡村生态旅游的发展提供了良好的基础条件。

(3)充足的客源和广阔的市场。乡村旅游的客源目标市场在城市。河南省人口众多、密集度大,省内市场前景广阔。截至2017年底,河南共下辖17个地级市、1个省直辖县级行政单位、52个市辖区、20个县级市、85个县,省会郑州市,常住人口9559.13万人,居中国第3位。上千万的城市人口渴望远离城市的喧嚣与紧张,极易产生去乡村旅游的动机。近年来,河南经济增长速度高于全国平均水平。2018年第一季度,河南省生产总值同比增长7.9%,实现地区生产总值10611亿元,同比增长7.9%,比2017年全年提高0.1个百分点,高于年度预期目标0.4个百分点。2018年前5个月,河南全省固定资产投资增长9.3%,高于全国平均水平3.2个百分点。根据河南省统计局的数据,2017河南省居民人均可支配收入20170.03元,比上年增长9.4%,增速同比提高1.7个百分点,高于全国0.4个百分点。按常住地分,城镇居民人均可支配收入29557.86元,比上年增长8.5%;农村居民人均可支配收入 12719.18 元,比上年增长 8.7%。居民人均消费支出为 13729.61 元,比上年增长 8.0%,增速同比提高 0.6 个百分点。人均用于旅游、电影门票、体育健身等文化娱乐支出比上年增长 17.6%。由此可见,河南省的大中城市,已具备良好的出游条件。这为以城市居民为主要服务对象的乡村旅游提供了巨大的客源市场。

(4)旅游政策的推动。《中共中央国务院关于加大统筹城乡发展力度进一步夯实农业农村发展基础的若干意见》明确提出,积极发展休闲农业、乡村生态旅游、森林旅游和农村服务业。同时这也是由不断扩大的市场空间决定的,即工业化带来了更多的城市人口,带来了逃离工业环境、回归乡村、体验传统生活方式的需求。河南旅游发展的落脚点在乡村。2017 年 9 月 1 日,《河南省旅游产业转型升级行动方案(2017—2020 年)》对外发布,提出河南省旅游产业发展目标为力争到 2020 年,全省接待国内外游客量达到 9 亿人次、旅游综合收入突破 1 万亿元。其中,该文件就乡村旅游方面提出,支持农村集体经济组织在不改变原有规划用途的前提下,依法使用非耕农用地多种形式开办旅游企业。另外,大力展开乡村旅游升级行动。一是实施乡村旅游扶贫攻坚。开展乡村旅游扶贫重点村环境整治行动,全面提升通村公路、供水供电、网络通信基站、垃圾污水处理等基础设施水平,实现与交通干道全连接。二是大力发展乡村旅游。依托绿水青山、田园风光、传统村落、民俗文化等大力发展观光农业和休闲农业,积极培育创意农业、定制农业和会展农业等新型业态。创新乡村旅游组织管理方式,推广乡村旅游合作社模式。

2. 劣势

(1)层次较低,内涵挖掘不够。河南的乡村旅游发展速度较快,但整体开发层次较低,目前还主要以吃农家饭为主,大部分还仅仅停留在单纯的农业观光层面,忽视了乡土文化、乡村民俗,对乡村生态旅游的文化内涵挖掘不够,尤其依托大城市形成的乡村生态旅游资源没有得到统一的整合,大多是以农家自营为主,各自为政。

(2)管理混乱,法规不完善。在以往的乡村旅游发展中,政府的主导作用没有充分发挥,宏观管理力度差。以郑州市侯寨乡樱桃沟在2006年"五一"举办的樱桃节为例,其旅游接待活动基本上都是由各家各户自主进行,政府没有进行很好的宏观管理,致使出现了价格混乱、交通拥堵等不和谐的现象。乡村旅游发展如同其他旅游类型的发展一样,需要做到有法可依,统一管理。

(3)乡村生态旅游景点分散,盲目建设问题频出。河南乡村旅游的发展普遍存在投资与经营规模小、地区分布与组织形式散、项目低水平重复设置、市场竞争秩序乱的现象。

(4)基础设施不完善,乡村环境卫生条件亟待改善。目前,河南乡村旅游点或村功能比较单一,整体基础设施不完善,乡村环境净化不到位,排污排水通道不畅,餐厅、厨房、厕所等卫生状况不佳,食品安全还存在很大隐患。这些因素在一定程度上影响了客源的可进入性。

3. 发展机遇

近年来,河南经济获得了飞速发展,居民生活水平大幅度提高,居民消费能力也逐步增强,旅游需求明显增大。同时,开发旅游资源所需的大量建设资金也有了相应的保障。

从全国来看,国家制定和实施了建设社会主义新农村的政策,提出了"新农村、新旅游、新体验、新时尚"的口号。为了拉动河南省旅游市场,河南省政府出台了一系列优惠、扶持政策,全省各地通过各种渠道,积极筹措资金,加大乡村旅游资源开发力度和基础设施建设力度,在全省范围内形成了重视旅游、发展旅游的局面。中共河南省委、省政府先后出台了《关于进一步加快我省旅游产业发展的决议》《中共河南省委、河南省人民政府关于进一步加快旅游产业发展的意见》《河南省"十一五"旅游产业发展规划纲要》《河南省人民政府办公厅关于印发河南省"十三五"

旅游产业发展规划的通知》等文件,明确将河南省旅游产业作为全省国民经济战略性支柱产业来培育,以促进河南由旅游资源大省向旅游产业强省的跨越。

旅游业作为中部六省竞相发展的产业,是中部崛起的重要突破口。为了更好地促进中原崛起,同时充分利用好"中部崛起,旅游先行"这个战略背景,河南省应积极树立新形象,利用区位、交通等优势强化乡村旅游。

河南省作为文物大省,悠久的历史和灿烂的文明是发展旅游的基础。从河南省本身来说,城市个体诸如郑州、洛阳、开封等,都拥有悠久的历史、灿烂的文明,但在过去的发展中缺乏整体合作。如今,河南正在尝试解决这个问题,选择郑州、洛阳、济源、焦作、新乡、开封、许昌、平顶山、漯河9个城市,以"中原城市群"命名,合纵连横,通过逐步实现资源共享、产业互补、生态共建、各具特色和协调发展,来构筑中原城市群经济隆起带。目前,以郑州为中心的"黄金十字架"的雏形正在初步形成,对河南省发展乡村旅游精品路线和打造各具特色的乡村旅游产品具有巨大的推动作用。

4.面临威胁

(1)竞争威胁。在经济利益的驱动下,更多的投资者在开发乡村旅游。河南与湖北、河北、山东、山西等省份在旅游资源方面相似,客源市场相近,不可避免地存在对旅游客源市场的争夺问题。

(2)城镇化威胁。目前,我国各地的乡村旅游发展尚处于一种自发状态。在增加农民收入和缩小城乡差别的同时,也存在无序发展、乡村城镇化以及破坏地方传统文化等问题。

(3)生命周期威胁。随着人们对旅游需求层次的改变,对未来乡村旅游产品的形式和内容需求也会逐渐增加,河南省的乡村旅游如不能及时按照游客的需求生产更多的旅游产品,那么众多雷同的旅游产品就会缩短生命周期。

四、旅游资源调查分析

（一）旅游资源的调查

发展旅游业的驱动力，有"资源说"，有"市场说"。"资源说"认为资源是旅游业发展之本，有什么样的资源才能发展什么样的旅游；"市场说"认为市场才是旅游业发展的命脉，有市场才有旅游产业。其实，资源和市场同是旅游业发展的两个"车轮"，两者缺一不可。

旅游资源是指能够开发利用、对旅游者产生吸引力的各种物质的和非物质的事物，包括自然旅游资源、人文旅游资源和社会旅游资源，这是发展旅游业的依据。乡村旅游规划必须对本地区的旅游资源进行调查和分析，弄清楚可供利用开发的资源"家底"。

对旅游资源的调查，包括：全面系统查明各类可利用的自然旅游资源、人文旅游资源和社会旅游资源的数量、规模、类型、质量、分布、价值以及它们的组合；了解各类旅游资源的存在环境及开发现状；对历史上曾经存在过的各类旅游资源进行校对、核实，尽管这一部分资源也许已经不存在，但它们很可能通过复制、仿造、重建，而成为今天重要的旅游吸引物；调查邻近地区的相关旅游资源的分布，这是决定旅游产品开发，避免重复、撞车或进行错位经营、联动发展的依据。

旅游资源调查的方式：广泛收集现有的历史资料和现状资料，包括各种图文资料、数据、图纸；对现场进行实地勘察而取得第一手资料；进行走访、座谈，包括对相关部门的走访和对本地区老领导、老居民的访谈；在有条件的情况下，可通过各种科学仪器深入调查，如遥感、航拍、摄像、物探等。

（二）旅游资源的评价

在对本地区旅游资源了然于心以后，要对资源进行梳理评价,包括对旅游资源的分类、评级。分类是评价的基础,对资源正确合理的分类,有助于对资源的整合利用。旅游资源所包含的面很广,自然资源、人文资源、社会资源,几乎涵盖了天、地、人各个方面,自然资源中又包括地表、水体、生物、气候、天象等,所以分类是一个很复杂的过程。2003年国家旅游局颁布的《旅游资源分类、调查与评价》(GB/T18972—2003),把旅游资源区分为8个主类、31个亚类、155个基本类型,应该是比较客观、比较科学的旅游资源分类。乡村旅游资源几乎包括了自然资源、人文资源、社会资源的方方面面,要充分发掘乡村旅游资源,打造具有吸引力的旅游产品,应该根据《旅游资源分类、调查与评价》给本地区的旅游资源进行准确的分类。

旅游资源的评价是在资源分类的基础上进行的。首先要评判旅游资源自身的固有价值,它带有很大的客观性,比如评价水体,水库的面积、容量、枯水季的平均水量以及水库岸边的绿化植被,可以通过具体的技术参数确定分值;又如植物品种、珍稀度、覆种面积等,可以用分值来衡量;一些人文类的资源,同样可以用打分来确定分值,比如老宅建筑,它的历史年代、保存完好度、单体或联体的数量、建筑内饰物的精美度等,都可以量化测定。关键是要制定一个评分标准,把各种指标量化,然后才可以区分层次等级。其次,要评价资源的吸引力,吸引力反映的是社会需求和社会认可度。这种评价带有相当大的主观性,更多的是定性评价,比如,植物的可观赏性,牵涉审美的问题,很可能因不同的人、不同的审美角度而得出不同的分值;又如衡量一项资源的开发价值,如水面、村落、建筑,往往也带有相当大的主观性;区内资源的比较排序,也有相当大的弹性空间。所以,要尽可能选择客观的、可比的、能量化的评价因子。

通过建立评价体系或评价标准,对各项旅游资源评级打分,对本地区的旅游资源进行评价,并和国内、区内的资源进行比较,为确定如何开发旅游资源奠定坚实的基础。

（三）旅游资源的分析

对旅游资源的评价，侧重于通过存在于旅游资源内部的评价因子进行分析比较，但旅游资源的多样性、综合性、差异性，使得许多旅游资源不具有可比性，不能不依靠规划编制者的经验比较和主观评判。对旅游资源的主观分析永远是需要的，认为用技术指标可以完全取代主观认识是不切实际的。

旅游资源分析是对资源的可开发情况进行综合性的评价。这种分析评价主要集中在四个方面：一是资源质量分析，包括对资源的规模性、优美性、特殊性、科学性、人文性、组合性以及自然和人文的融合性等的分析；二是资源环境分析，不但包括对自然环境的环境容量、安全性、舒适性以及环境的脆弱程度等的分析，还包括对经济环境、社会环境、市场环境的分析；三是开发利用条件分析，包括对资源所处地理环境、距基地的距离、集聚离散程度、基础条件设施、交通可进入性以及开发的难易程度、建设条件等的分析；四是资源开发效益分析，包括对资源开发可能产生的经济效益、社会效益和环境效益的分析。

旅游资源的分析，也是旅游业发展的可行性分析之一。通过对资源的分析，确定旅游业发展的范围、布局、特点、重点，同时也为规划产品的开发提供依据。

五、旅游市场调查分析

乡村旅游要争取和扩大客源，选择目标市场，制定和实施有效的旅游营销战略和策略，就要做好市场调查分析。这也是做好乡村旅游规划编制工作的重要环节。

（一）旅游市场调查的内容

旅游市场调查，就是从客观存在的市场实际出发，广泛收集所需信息，为旅游规划和旅游决策提供依据。为编制乡村旅游规划而进行的市场调查,主要有五个方面。

（1）乡村旅游市场现状,主要包括乡村旅游景区（点）、住宿、交通、配套服务设施的数量、类型、容量、经营情况,特别是它们在市场上的占有率。

（2）乡村旅游市场需求。调查应针对市场的现实需求和潜在需求两方面,包括游客人次、旅游者的人均消费、人均停留天数、旅游者的出游率和重游率等。

（3）乡村旅游市场环境。包括政治环境、经济环境、社会文化环境等。

（4）乡村旅游者及其旅游消费行为。包括旅游者类别、旅游者的地域分布、旅游者的旅游动机和旅游方式、旅游者的消费能力等。

（5）乡村旅游产品及其销售。包括乡村旅游产品的开发和更新、旅游产品的品牌影响和知名度、旅游产品的市场占有率、旅游产品的价格和销售、旅游者对旅游产品的评价以及旅游产品的组合等。

（二）旅游市场调查的方法

市场调查信息的获取,有些是规划编制者亲身从市场向旅游者专门收集的,有些则可以通过查阅现有档案、文件、资料获取,一般分别称为第一手资料和第二手资料。

编制乡村旅游规划所必需的重要资料,必须由规划编制者组织力量通过专项调研,亲自去收集第一手资料。获取第一手资料的方法,主要有问卷调查、访谈、现场考察。开展问卷调查,事先要根据需要了解的问题设计好问卷、确定调查对象。调查对象既要有普遍性,又要有代表性。问卷调查的关键是设计好问卷,所有问题要围绕调查主题,简洁明了,没有歧义,同时也应该注意文字洗练,不要过多耽误被调查者的时间。访谈可以是登门拜访,也可以是个别约谈,还可以是电话访谈,或者召开小型座谈会等。访谈成功的关键是选择好访谈对象,要选择真正熟悉情况的同志作为访谈的对象。访谈时要善于把握过程,既要让访谈对象不受拘束,尽量自由发挥,又要围绕主题引导访谈过程不断深入。现场考察由规划编制者对感兴趣的目标、现象直接进行观察,或借助仪器进行观察,常用于调查游客的行为规律和市场的现状走势。

通过对第二手资料的分析,获取所必须了解的各项背景材料和数据。一些基本的数据都可以而且应该通过现有的档案、文件、资料取得,从这个途径获取信息,不但比较简捷,而且信息、数据也比较可靠。第二手资料的主要来源有:政府部门、行业协会、城乡调查队等专业调研机构发布的公报、年报、统计年鉴;政府工作报告、工作计划、专项材料等档案文件;管理部门和企业的档案;相关媒体刊发的资料和研究报告等。第二手资料可以尽量宽泛些,但要有相当的可信度和权威性。运用第二手资料,要有一个资料筛选、鉴别和验证的过程。

（三）旅游市场分析

通过市场调查获取的信息、资料、数据,应该经过整理、处理和综合分析,才可应用于编制乡村旅游规划。这种分析一般要注意以下两点。

（1）根据旅游市场的四大要素,即人口、购买力、旅游愿望和旅游权利,从消费者的需求角度,区分不同的旅游动机、旅游行为、购买特点等,把具有类似消费行为的旅游者划分为不同的层面。在乡村旅游规划中,要分析本地的旅游资源和旅游产品适合哪些层面的旅游者,从现状来看哪些旅游者来得最多,他们还需要些什么,自身的资源和产品组合可以作哪些调整,从而决定究竟是开展农业观光游还是"农家乐"或者农业高新技术园区等,并决定自己的市场方向。

乡村旅游主要是为了满足现代城市居民返璞归真、回归自然、对乡村好奇或怀旧等需求而发展起来的一种旅游形式。其客源市场主体为城市居民,根据年龄这一人文因素,又可将城市居民分为少年儿童、青年、中年、老年四个细分市场(见表2-1)。

表2-1 乡村旅游产品及其目标市场

乡村旅游产品	特征	目标客源市场
乡村自然生态观光游	展现独特田园风光,如油菜花田、农场牧景等。一般分布在城市近郊	少年儿童修学游市场;追求生态环保的青年市场;怀旧、返璞的中老年市场
各种参与农事活动的体验游	是乡村自然生态观光游的延伸,如摘水果、种菜及各种制作简单的手工艺。突出了游客的参与性与娱乐性	少年儿童修学游市场;追求生态环保、体验多彩生活的青年市场;怀旧、返璞的中老年市场;喜好绿色的都市居民旅游市场
乡村民居建筑游	如福建土楼,综合显示出地方的建筑特色及传统历史文化	对建筑及文化感兴趣且受教育程度较高的中老年市场
展现乡村独特的民风民俗、风土人情、土特产的旅游产品	独具地方特色,并在一定的地域范围内占据垄断地位	以体验城乡差异为主要动机的城市文化旅游者
高科技农业技术类乡村旅游产品	可供观赏兼学习	青少年儿童修学游市场;前来学习交流的旅游者
乡村度假旅游产品	在乡村旅游产品中价格较高	城市中青年阶层中收入较高的人群及其家庭

（2）根据所掌握的本地区旅游市场发展的过去和现在的信息资料以及旅游业发展的一般规律,用科学的调查统计方法来推测旅游市场发展的未来和趋势。

乡村旅游目标市场确定及市场规模预测,原则上存在因时因地的差别。一般来说,在目标市场的确定方面,除了特色旅游可能有特定的目标市场外,各地乡村旅游有比较多的共性;在市场规模的预测方面,它通常与当地及周围人口的文化素质及社会经济状况成正比,而与距离成反比。但是各地乡村旅游规模与特色差异以及开发时间的先后,决定了不同地区的乡村旅游市场各具特色,因此依然要做认真的市场调查与分析。第一,当地居民的调查。乡村旅游发生在乡村,其资源依托地在乡村,旅游吸引物也以其乡村性为主,往往乡村居民淳朴的自然生活形态本身就是一道旅游风景线。所以,开发乡村旅游,进行乡村旅游市场调查,首先应该对当地乡村居民进行调查。对当地乡村居民进行旅游市场调查以面谈、电话等问询方式为主。问询法简单方便、灵活自由,可随机提出一些相应问题,对不清楚的可补充阐述;被调查者还可充分发表意见,相互启发,把调查问题引向深入,有利于获取较深入的有用信息。如可以请熟悉当地风俗、文化的居民面谈,请他们对乡村旅游人文景观的开发现状和市场情况提出一些意见或建议。用问询法调查,信息量大,回收率高,可信度大,是乡村旅游市场调查的常用方法。第二,外围乡镇的调查。对乡村旅游资源处于"养在深闺人未识"的乡村旅游区来说,其乡村旅游客源市场调查宜以当地乡村居民的调查为主,而对已开发、游客市场已初具规模或相当规模的旅游区来说,乡村旅游市场调查则可以针对旅游区外围游客进行市场调查,其基本对象是针对客源市场的游客,他们对旅游区景观、环境、基础设施、产品价格等印象的反馈对指导旅游区的下一步开发建设意义重大。第三,相关部门及周围城市居民调查。到当地相关部门和周围城市进行周围城市居民调查也是乡村旅游市场调查的有效途径之一。一方面,政府和相关部门能提供翔实的官方数据和资料;另一方面,政府和有关部门对乡村旅游市场的判断较敏锐、准确,对乡村旅游市场开发的意见或建议具有前瞻性、权威性和战略指导意义。开发乡村旅游需要林业局、水利局、环保局等提供的相关数据和资料;旅游区市场规模预测、旅游区旅游环境容量确定等也需要到相关部门收集资料;地方部门往往熟知可以推出的旅游产品、能吸引游客的地域范围、游客群体,以及客源市场规模。调查人员对这些资料的收集对旅游区开发建设意义重大。对地方相关部门的旅游市场调查一般以面谈访问为主,着重对旅游市场需求、旅游市场供给情况的调查,可以是个别谈话,也可以是开会集中征求意见,可信度高。对城市居民的调查可以从居民的旅游需求着手。

六、旅游容量分析

乡村旅游容量的概念不能简单地理解为乡村旅游地在一定

时间、一定空间范围内所能容纳的游客数量,乡村旅游地与风景名胜区、文化遗产地、主题公园等一般的旅游地不同,是乡村居民生产、生活的空间,在旅游容量的规划上,涉及的因素有很多。因此,乡村旅游容量是指在维持旅游地可持续发展和保证旅游活动吸引力的前提下,所能接受的旅游活动量,应包括供需这两个方面的内涵。从乡村旅游地可持续发展的角度来说:第一,乡村旅游容量是旅游地区域范围内原居民所能接受的旅游活动量,影响居民可接受程度的因素包括原居民的文化水平、宗教信仰、生活方式、经济水平等;第二,乡村旅游容量是在保持乡村旅游资源质量的前提下,一定时间内旅游资源所能容纳的旅游活动量;第三,乡村旅游容量是一定时间内,在旅游地区域范围内的生态系统所能承受的旅游活动量,也就是说,旅游活动不会导致生态系统的退化。从乡村旅游地旅游吸引力的角度来说,乡村旅游容量是在保证旅游者基本旅游舒适度,不降低旅游活动质量,不破坏游兴的范围内,旅游区域所能容纳的旅游活动量。

所以说,合理测算并控制景区点的容量,确保旅游业的可持续发展,已经成为编制旅游规划的一项重要任务。在编制乡村旅游规划时,通常有以下几个指标经常被关注。

（1）旅游资源容量。即在保持资源质量的前提下旅游资源空间规模可以承载的旅游活动量的综合上限。测定旅游资源容量,最简捷的方法是用下列公式进行计算:

$$极限容量 = \frac{资源的空间规模}{每人最低空间标准} \times \frac{每天开放时间}{人均每次利用时间}$$

这个公式考虑的仅仅是地域空间所能容纳的旅游活动量,没有考虑旅游者个人的心理感受。

（2）旅游生态容量。通常指在一定时间内一定旅游地域所能承载的旅游活动量。旅游生态容量测定的公式:

$$每天接待游客的最大允许量 = \frac{旅游区每天能净化吸收的各种污染量的累计 \times 各种污染物的自然净化时间}{一位旅游者每天产生的污染量的累计}$$

一般情况下,旅游活动产生的污染物数量会超过生态系统自然净化的能力,所以旅游区都要对旅游污染物进行人工处理。于是,实际上的旅游生态容量都会超出常规测定的旅游生态容量。

(3)旅游地域社会容量。旅游地域社会容量主要指旅游接待地的社会环境,包括人口构成、宗教信仰、民族风情、风俗习惯等影响当地居民容纳接受外来旅游者的因素所能容忍的旅游者数量的极限。

(4)旅游经济发展容量。旅游业的发展需要一定的经济基础作为支撑,如要求基础设施、配套服务设施、交通服务设施、人力资源甚至副食品补给能力等都能相应跟上。旅游经济发展容量就是指旅游接待地的经济发展水平所能接纳的旅游活动量。其中最直接、最敏感的因素,是食宿供给条件和娱乐购物的设施条件,以旅游日容量为例,它就与旅游区的供应能力和住宿设施密切相关:

$$旅游日容量 = \frac{旅游区对旅游者需要和消耗的各种主副食品的供应能力}{旅游者每天需要和消耗的各种主副食品的总量}$$

$$旅游日容量 = 各类住宿设施所能提供的床位总数$$

在测定经济发展容量时,还要充分考虑到旅游业发展的淡旺季节不平衡而造成对设施设备和物资供应的悬殊需求。此外,乡村旅游中常见的"农家乐"活动,无论在副食品供应还是住宿设施供应方面,都有一个就地消化的隐性因素,乡村旅游规划中测定容量时应该给予相应的足够的估计。

第三节　乡村旅游规划的编制程序梳理

旅游规划是一个循环系统,是一个预测—实施—出现偏差—较正偏差—再预测—实施—出现偏差—纠正偏差⋯⋯的一种不断修正提高的过程,每个循环中通常包括几个阶段:准备、确立目标、可行性分析、制定方案、方案的评价与比较选择、实施、监控反馈和调整策略。在制定乡村旅游规划时,依此基本步骤与方法进行。

一、乡村旅游规划的编制技术路线

乡村旅游规划作为旅游规划的一种特殊类型,必须遵循旅游规划的一般技术路线。规划技术路线是规划过程中所要遵循的一定逻辑关系,其中包含了规划的主要内容和制定规划的基本步骤。到现在为止,国内外还没有专门针对乡村旅游规划的技术路线,而针对一般的旅游规划技术路线,很多专家提出了众多方案,这些方案各具特色,但基本思路大体一致,如图 2-1 所示。

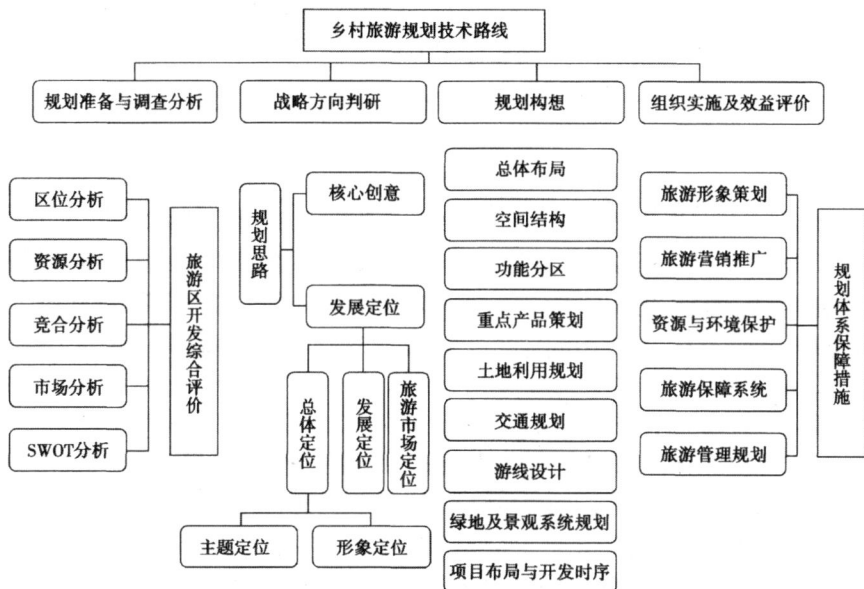

图 2-1 乡村旅游规划技术路线

需要指出的是,规划受到当地社会经济发展水平、政府部门结构、行政级别等因素的影响,特定地方的规划可以跨越其中的某些步骤。

二、乡村旅游规划编制的流程

根据旅游规划的一般性要求以及对乡村旅游规划的实际需要,乡村旅游规划的程序一般分为以下几个阶段。

（一）评估立项

编制乡村旅游规划，首先要对本地区要不要发展旅游、能不能发展旅游有一个基本的认识。只有具备发展旅游的必要性和可能性，才需要编制旅游规划。而发展旅游与否的认识，来自对本地区的旅游资源和市场作出基本估计以及对发展旅游业的积极影响和消极影响的基本判断。这个工作一般由当地政府主管部门完成。明确了发展旅游业的基本方向，就可以进行立项，物色、确认规划编制单位。目前，规划编制单位往往是通过招标来确定的。

（二）准备工作

编制单位接受委托着手编制规划以前，必须做好充分的准备。

（1）确定目标。这是编制规划的第一步工作。应根据立项要求，明确本规划的性质、类型、范围以及具体任务。只有明确了规划目标，才能有针对性地组建规划编制班子，制定具体的工作细则。

（2）组织队伍。根据规划的内容，组织相应的规划编制组队伍。不同的旅游规划，由于规划的目的不同，涉及的地域不同，编制的内容也不同，应根据不同的规划要求聚集不同学科等的专业人士组成规划编制组。

（3）准备资料。包括基础资料和专业资料两部分。基础资料的具体内容，主要有区划政区资料、地理地质资料、气象资料、水文资料、动植物生态资料、历史人文资料、社会文化资料、经济统计资料等。专业资料包括国内外宏观形势分析、发展动态和预测、相关课题研究、国内外的案例等，这些资料主要由规划编制组收集准备。

（4）编制工作计划。工作计划不但应对规划的目标、成果、完成期限提出明确的规定，而且应对阶段目标、操作方法和技术路线都有具体的描述,以保证整体运作有条不紊。

（三）调研分析

调研分析的工作主要包括以下几方面。

（1）乡村旅游地总体现状分析,如乡村旅游地自然地理概况、社会经济发展总体状况、旅游业发展状况等。

（2）乡村旅游资源普查与评价,可以利用国家颁布的旅游资源分类与评价标准对乡村旅游资源进行科学、合理的分类,并做出定性和定量评价,将人们对乡村旅游资源的主观认识定量化,使其具有可比性。

（3）客源市场分析,通过调研客源市场,详细分析客源流向、兴趣爱好等因素,为市场细分和确定目标市场打好基础。

（4）乡村旅游发展 SWOT 分析,在以上三个方面科学分析的基础上,对当地发展乡村旅游进行全面的综合考察,找出发展乡村旅游的优势和机遇,并摸清存在的劣势和面临的威胁。

（四）定性定位

定性定位,即确定总体思路。通过以上分析乡村旅游发展的背景和现状,剖析乡村旅游与乡村地区横向产业之间(尤其是农业)和纵向行业之间的关系,诊断其发展中存在的问题,再联系国家和地区有关旅游业发展的政策法规,最终确定乡村旅游发展的总体思路,包括乡村旅游战略定位、发展方向定位,并确定总体发展目标。

（五）规划设计

这一阶段是乡村旅游规划工作的主体部分,是构建乡村旅游规划内容体系的核心,主要工作就是根据前几个阶段调查和分析到的结果,并根据发展乡村旅游的总体思路,提出乡村旅游发展的具体措施,包括乡村旅游产业发展规划和乡村旅游开发建设规划,此外还有乡村旅游支持保障体系方面的建设。需要注意的是,在制定详细规划内容时,必须考虑规划区域的乡村社区建设和社区居民的切身利益。

根据定性定位进行具体的规划设计,主要包括以下几个方面。

(1)结构布局。根据规划的目标任务,依据规划区的资源和社会经济现状特点,从旅游业发展的功能要求出发,进行结构布局。结构布局的要求是突出主体形象,集聚单元功能,协调各部分关系,以确保实现规划所提出的目标。

(2)单项规划。作为一部完整的规划,应该对产品体系、支持体系和保障体系分别作出规划。产品体系是旅游规划的主体结构,包括旅游吸引物、旅游接待、旅游线路、旅游营销等方面的规划;支持体系是通过对社会经济体系各项基础设施、服务设施的协调和规划,使旅游体系合理运行;保障体系包括对管理体制、环境保育、文化保护、容量核算等方面进行规划。

(3)项目设计。这是对旅游产品体系中吸引物规划的细化和强化,使整个规划更具可操作性。

结构布局和单项规划是对规划总体思路和定位的分解和落实。规划的总体思路和目标定位确定了旅游发展的方向,并通过结构布局和各个具体项目的设计得以体现和落实。

(六)评审优化

规划方案毕竟是规划编制小组提出来的,应当进一步集思广益,以优化规划。优化的途径主要有以下几种。

(1)方案比选。对于一些比较重大的课题或项目,可以提出两个以上方案,吸收各方面意见进行比选,这是一个相对简单可行的方法。

(2)专家咨询和职能部门反馈。在规划过程中应该不止一次地听取专家咨询和职能部门的意见,这些咨询往往是事先的、局部的,个人色彩较浓。在方案整体完成以后,应再次征询专家和职能部门的意见,让专家和职能部门针对规划组的思路和成果提出咨询,这种咨询的针对性将会非常强,对规划方案的优化效果也更明显。

（3）社会评议。我国编制规划大多走专家路线,从国内外一些地方的经验来看,重大项目的规划进行公示,鼓励公众参与,接受社会评议,是完善、优化规划的有效措施。

（4）评审。规划委托方组织的专家审议或政府有关部门的审查,也是优化规划的重要环节。评审本身包括评议和审查两个方面,是对规划从形式到内容的全面检查。通过评审专家的评审,落实评审专家的评审意见,是对规划的一次集中优化。

乡村旅游规划最终是要付诸实施的,在实施过程中可能还会发现一些新情况、新问题,而且时势也在不断地变迁,所以每过一段时间还要对规划进行修编。

（七）组织实施

依据乡村旅游规划方案和实施细则,结合乡村地区实际发展情况,精心组织、落实和具体实施乡村旅游规划的项目、内容和任务。要根据经济、社会、环境效益情况,对规划实施的效果进行综合评价,并及时做好信息反馈,以便对规划内容进行适时的补充、调整和提升。

第三章 深挖价值——乡村旅游资源的合理开发

乡村旅游资源的开发是运用一定的资金和技术,对乡村的自然旅游资源和社会文化旅游资源进行开发利用,使其产生经济价值及其他多种价值。乡村旅游资源容易受各种自然环境要素突变及人为活动的影响,具有高度的脆弱性。而且乡村旅游资源对于外界干扰的承受力是有限的。一旦乡村旅游资源被过度开发,就容易引起资源系统发生变化,甚至导致不可逆转的退化。因此,旅游管理者和开发者只有遵循生态学规律,合理开发与保护乡村旅游资源,才能使乡村旅游资源得以可持续利用。

第一节 乡村旅游资源的基本认知

一、乡村旅游资源的概念

在中国的旅游业中,乡村是构成整个旅游业发展的宏大地理背景,也是旅游业发展的一个重要组成部分,而脱离了旅游资源范畴研究乡村旅游资源是不完整的,撇开乡村地域概念谈乡村旅游资源也是不客观的。因此,对于乡村旅游资源相关问题的探讨,在立足乡村本身的同时还应结合旅游资源的内涵。

旅游资源作为现代旅游业得以发展的重要条件,是旅游业的基础要素,是旅游活动的客体。一般来说,旅游资源可以是具有具体形态的物质单体或复合体,如历史文化古迹、地形地貌、野生动植物等,也可以是没有物质形态的社会因素,如风俗民情、文化传统、人文景物、非物质文化遗产等。2003 年 2 月 24 日国家标准部门颁布了中华人民共和国国家标准 GB/T 18972—2003《旅游资源分类、调查与评价》。此标准认为，"自然界和人类社会，凡能对旅游者产生吸引力，可以为旅游业开发利用，并可产生经济效益、社会效益和环境效益的各种事物和因素，即为旅游资源"。在本书中，我们采用这一定义。

而关于乡村旅游资源的定义，从不同的角度来看有不同的说法。

（1）从地域范围看，乡村旅游资源是位于乡村特定地域范围内的旅游资源。

（2）从内容上看，乡村旅游资源既包括乡村自然生态环境等自然旅游资源，也包括乡村传统农业劳作、农耕文化等人文旅游资源，还包括乡村田园景观、牧区景观等综合性旅游资源。

（3）从产品的角度来看，人们把乡村旅游资源作为旅游开发的"原材料"。乡村旅游的"原材料"实际上就是存在于乡村之中的，能够被开发者利用的各种丰富的、天然的、人文的乡村旅游资源，诸如农事活动、农村聚落、农民生活、农业生态、农业收获物、乡村自然地域风貌、地方土特产品、乡村艺术工艺品，以及多民族的风俗人情和历史古迹等要素。

（4）从本质上看，乡村旅游资源必须具有足以使旅游者离开常住地发生空间移动并产生旅游行为的吸引力，这是乡村旅游资源的核心。

（5）从乡村景观的角度认识乡村旅游资源。一般来说，乡村景观是乡村地区范围内，经济、人文、社会、自然等多种现象的综合表现。乡村景观是相对于城市景观而言的，两者的区别在于地域划分和景观主体的不同。乡村景观所涉及的对象是在乡村地域范围内与人类聚居活动有关的景观空间，包含了乡村的生活、生产和生态三个层面。另外，乡村景观是乡村资源体系中具有宜人价值的特殊类型，是一种可以开发利用的综合资源，是乡村经济、社会发展与景观环境保护的宝贵资产。

（6）从属性上看,乡村旅游资源必须具有乡村特有的、有别于城市的那些因素,即乡村性。需要指出的是,并不是所有在乡村地区的旅游资源都具有"乡村特性",如建在乡村地区的主题公园、在乡村地区新建的吸引旅游者参观的现代化高楼和生产线等。

（7）从功能角度来看,人们认为乡村旅游资源是具备使游客感受乡村气息、回归自然和体验乡村生活功能的资源,只有这样的乡村资源才能称为真正意义上的旅游资源。

综上所述,乡村旅游资源就是指对旅游者具有吸引功能,能被旅游业所利用并产生经济、社会、生态等综合效益,以农业资源为依托而萌发的特有的自然景观及人文景观综合体。

二、乡村旅游资源的构成

乡村旅游资源,从其构成来看,是以自然环境为基础、人文景观为主导的乡村人类文化与自然环境相结合的乡村景观,是由乡村自然环境、乡村物质要素、乡村文化要素或非物质要素三部分共同组成的、多元和谐的乡村地域综合体(见图3-1)。

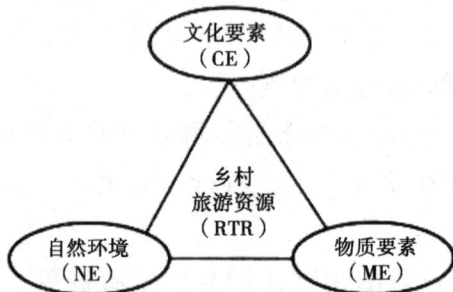

图3-1　乡村旅游资源构成图

（一）乡村自然环境

乡村自然环境是由地貌、气候、水文、土壤、生物等要素组合而成的乡村自然综合体,是形成乡村景观的基底和背景。人们在自然环境的基础上,创造了与当地自然环境相协调并具有地方特色的乡村景观。乡村自然环境各要素在乡村景观的形成中起着不同的作用,具体如表 3-1 所示。

表 3-1　乡村自然环境各要素在乡村景观中所起的作用

要素	作用
地貌条件	对乡村景观的宏观外貌起着决定性作用,海拔的高低、地形的起伏决定了乡村景观的类型。地貌条件还制约着一些地区资源的利用和开发程度
气候条件	影响着动植物的分布、土地类型、耕作制度及民居类型等
水文条件	影响着农业类型、水陆交通、聚落布局等
土壤条件	直接影响农业生产的布局、作物类型和作物结构
生物(动植物)	植物形成各具特色的森林景观、农田景观、草原景观等。不同的动物种群又形成牧场、渔场、饲养场等不同的景观

(二)乡村物质要素

物质要素是乡村旅游资源中旅游者能亲自观察到的具体事象,如农作物、牲畜、林木、聚落、交通工具、人物、服饰等有形的物质。这些物质要素的不同组合,形成不同乡村景观的外部特征。例如,竹楼,稻田,水牛,穿着对襟短袖衫、宽肥长裤的男子,身穿浅色窄袖大襟短衫和筒裙的女子,构成傣族乡村特有的景观。又如,陕北白于山区的人们对服饰穿着是讲究的,分为审美和实用。出门在外,身穿比较干净、整洁的衣服,用来表现人类爱美的天性;在家穿粗糙、耐磨、耐脏的衣服,用来体现实用之美。20 世纪 60 年代以前,白于山区的人们基本服饰是头扎白羊肚手巾,身着光板的老羊皮袄和大裆裤,内穿白褂子,红裹肚,脚蹬千层布底鞋。有的头戴毡帽,腿裹裹脚,脚穿毡靴。他们所穿的服饰反映了在白于山区较为寒冷的条件下,人们从事农耕、游牧等不同生活的需要,以及历史上各种农耕民族服饰文化的相互影响和继承。时至今日,白于山区乡民的主要住所仍然是窑洞。其居室大多都是因地制宜而营造,在陕北乡村表现得尤为突出。白于山区的土崖畔上,是开挖洞窑的天然地形。土窑洞省工省力、冬暖夏凉,十分适宜居住。白于山区的窑洞有靠山土窑、砖料接口土窑、平地砖砌等多种。一般城镇里以石、砖窑居多,而农村则多是土窑或砖料接口土窑。白于山区窑洞以靠山窑最为典型,它们是在天然土壁内开凿横洞,往往数洞相连或上下数层,有的在洞内加砌柱子或木箱顶,以防止泥土崩塌,或在洞外砌砖墙以保护崖面,规模大的在崖外建房屋,组成院落,成为靠崖窑院。

(三)乡村文化要素

乡村旅游资源有一些是不能被人们直接观察、只能通过感官感知的无形的、非物质文化要素,如思维方式、民族性格、风俗习惯、信仰等。另外,一个乡村地区人们的文化沉淀、历史底蕴、精神面貌、生活习惯等又形成一种特有的气氛,即文化氛围,也是乡村旅游资源非物质成分的重要内容。这些要素构成乡村旅游资源的核心,是乡村旅游资源的灵魂和精髓所在。非物质的成分虽然是无形的,但游客可以亲身体会到其魅力。人们只有在欣赏乡村旅游资源外貌特征、品味其深层次的文化内涵的同时,才能真正欣赏到有滋有味、情景交融的乡村景观。

三、乡村旅游资源的特征

乡村旅游资源的特征在于其乡土性、区域性、生态性、脆弱性、广泛性、多样性、变化性、季节性。

(一)乡土性与区域性

乡土性是乡村旅游资源的本质特性,是乡村旅游的核心内容和独特卖点。乡土性的本质在于乡村文化旅游资源及其所营造的一种“氛围”,乡村具有不同类型,由于其不同的地域、历史、文化、经济和社会发展而呈现出不同的资源特征。例如,我国乡村以自然环境和区域性为划分依据,可以分为江南水乡、草原乡村、高寒山村、黄土高原乡村等,从历史的角度来看,这些乡村都具有或保持了一定时代特色(民居、饮食文化、服饰、耕作方式、节日、风俗习惯等)。因此在开发乡村旅游资源的时候,应该保证本地特色。乡村文化旅游资源是人类长期以来与自然环境相互作用、相互影响形成的,其形成过程是人与地理环境不断磨合的过程。因此,人们对自然环境长期的改造与适应形成的乡村景观是人与自然共同创造的和谐的文化景观。

乡村旅游资源的地域性和乡村地理环境的差异性是分不开的。由于地球上自然环境和社会环境的地域差异,乡村旅游资源具有明显的地域性特点。乡村旅游资源以不同形式广泛分布于各区域,乡村自然旅游资源受环境地域分布规律的制约,表现出不同的自然环境和社会环境的区域性特征,由于区域的地质、地貌、气候、水文、动植物等自然因素和政治、宗教、民族、文化、人口、经济、历史等社会因素不同,乡村风貌也不同,形成不同的景观类型。自然环境和社会环境的地域差异性导致乡村旅游资源也具有明显的地域性特征。

(二)生态性和脆弱性

乡村旅游资源的生态性,是指作为乡村景观的基础,自然植被、山体、土壤、河流、农田等资源形态,构成乡村生态和旅游生态的核心,具有生生不息和可持续发展的特性。人们对自然环境长期适应和改造形成的乡村景观,是人与自然共同创造的生态文化,并以生态性区别于城市景观。乡村景观的生态性是乡村旅游吸引力系统的核心和生命。由于人类活动范围越来越广泛,一些不可持续的发展行为,都将破坏这种资源生态性,乡村生态系统受到越来越严重的威胁,已经变得非常脆弱,一旦遭受破坏就难以恢复,这就是乡村旅游资源的脆弱性。

(三)广泛性与多样性

世界上除高山、沙漠和寒冷地带外,广泛分布着从事农、林、牧、渔业的农民。以自然为基础,农民通过世代不断的努力,创造了特色各异的乡村景观,广泛分布于世界各地。农村地域广泛,乡村类型多样,乡村旅游资源内涵丰富多样。既有农村、牧村、渔村、林区等不同农业景观,还有丰富多彩的民风、民情,既有物质的,也有非物质的,乡村旅游资源具有品种多样性和类型复杂性的特点。所以,可以开展观光体验、康体娱乐、休闲度假、科学考察、美食品尝、追根访祖等多功能的旅游活动。

（四）变化性与季节性

乡村旅游资源受自然环境和社会环境影响,自然环境和社会环境的变化必然导致显性旅游资源的变化,而且,乡村文化旅游资源是一定历史时代的产物,具有时代特征。随着社会进步、科技发展和文化交流,尤其是城乡文化的交流,乡村旅游资源的内涵也不断发生变化。

乡村旅游资源的季节性,缘于农作物生长的季节性和农业生产活动的周期性。乡村的生产、生活随季节变化而有规律地变化,农业景观也随四季的变化而呈现明显周期性的特点,以农业景观为观赏内容、农业活动为体验内容的乡村旅游,季节性最为明显,如采摘游、果园乐等。

四、乡村旅游资源的分类

乡村旅游资源分类主要有三种。第一种是比较直接的二分或三分法（自然、人文等）。学者马继刚依据资源同一性和同源性原则以及乡村旅游资源的属性,将乡村旅游资源分为乡村自然旅游资源和乡村人文旅游资源两大类12个亚类。第二种是分层分级法,即主亚类方法。学者胡粉宁等根据乡村旅游分类的共轭性与排他性、对应性和逐级划分的原则,将陕西乡村旅游资源划分为主类、亚类两个层次,分为乡村自然景观类、乡村历史遗址与遗迹类、乡村特色聚落与建筑类、乡村农业产业科技类、乡村农家乐类、乡村休闲度假类、乡村民俗类和乡村红色旅游类八个主类40

个亚类^①（见表3-2）。

表3-2 陕西省乡村旅游资源分类体系

资源类型			
主类	亚类	主类	亚类
乡村自然景观类（X_A）	乡村山地景观类（X_{AA}）	乡村农家乐类（X_E）	食宿接待型农家乐（X_{EA}）
	乡村水域景观类（X_{AB}）		农事参与型农家乐（X_{EB}）
	乡村生物景观类（X_{AC}）		民居型农家乐（X_{EC}）
乡村历史遗址与遗迹类（X_B）	古聚落遗址遗迹（X_{BA}）		休闲娱乐型农家乐（X_{ED}）
	古老生产地遗址遗迹（X_{BB}）		民俗文化型农家乐（X_{EE}）
	古老生产工具遗存（X_{BC}）		农业观光型农家乐（X_{EF}）
	其他乡土文化遗存（X_{BD}）	乡村休闲度假类（X_F）	休闲度假村（X_{FA}）
	传统乡土建筑（X_{BE}）		休闲农庄和山庄（X_{FB}）
	民族村寨（X_{BF}）		乡村旅馆（X_{FC}）
乡村特色聚落与建筑类（X_C）	传统乡土建筑（X_{CA}）	乡村民俗类（X_G）	饮食和民俗（X_{GA}）
	民族村寨（X_{CB}）		民间宗教活动（X_{GB}）
	乡村宗祠建筑（X_{CC}）		民间演艺（X_{GC}）
	宗教活动场所（X_{CD}）		节庆活动（X_{GD}）
	科学文化艺术建筑和场所（X_{CE}）		礼仪民俗（X_{GE}）
	交通、水利建筑（X_{CF}）		乡村传统农业和工艺（X_{GF}）
	现代新农村风貌（X_{CG}）		乡土特产（X_{GG}）
乡村农业产业科技类（X_D）	高新农业产业科技园（X_{DA}）		乡土名人（X_{GH}）
	农业科技教育基地（X_{DB}）	乡村红色旅游类（X_H）	革命人物和事件（X_{HA}）
	农业博览园（X_{DC}）		
	农业产业基地（X_{DD}）		革命纪念地、纪念物（X_{HB}）
	园艺园林基地（X_{DE}）		革命精神（X_{HC}）
	特色养殖园、畜牧园（X_{DF}）		

　　根据旅游资源的属性,可将乡村旅游资源分为核心乡村旅游资源和外围乡村旅游资源。核心乡村旅游资源是与农业生产和

---

① 胡粉宁,丁华,郭威.对陕西省乡村旅游资源评价与特色优势探析[J].安徽农业科学,2011（17）.

乡村生活有直接关系的乡村旅游资源,又细分为农业生产类型、风情生活类型两类。前者包括种植业型、林业型、牧业型、渔业型、副业型和生态农业型乡村旅游资源;后者包括民族风情型、乡村生活型乡村旅游资源。外围乡村旅游资源是与农业生产和乡村生活有间接关系的乡村旅游资源,包括除核心乡村旅游资源以外、旅游价值较高的高山、峡谷、江河、海湖等自然旅游资源和历史遗迹、遗址、文物古迹等人文旅游资源。

目前分类有的过于简单,有的主类之间相互包含亚类,界限不清。开发乡村旅游资源是建设社会主义新农村的一个重要途径,是时代发展的要求。根据新农村建设对农村发展的要求及乡村旅游资源的特点,本书对乡村旅游资源进行如下分类(见表3-3)。

表3-3　乡村旅游资源分类表

主类		亚类
乡村自然景观资源		乡村山地景观
		乡村水域景观
		乡村生物景观
		乡村自然景观
乡村人文景观资源	乡村物质性人文景观	乡村遗址景观
		乡村建筑景观
		乡村农业景观
		乡村商品景观
	乡村非物质性人文景观	乡村民俗文化
		乡村农耕文化
乡村景观设施资源		乡村交通景观
		乡村设施景观

第二节 乡村旅游资源的调查与评价

一、乡村旅游资源的调查

乡村旅游资源调查的目的是系统、全面地查明调查区域内乡村旅游资源的空间分布、赋存数量、等级质量、组合状况等基本情况,掌握乡村旅游资源开发、利用与保护的现状及存在的问题,以查明可供利用的乡村旅游资源状况,为乡村旅游资源评价、开发、利用及其保护提供科学的决策依据。

（一）乡村旅游资源调查的内容

乡村旅游资源调查涉及与旅游活动有关的方方面面,调查的内容复杂而繁多,主要包括对乡村旅游资源的环境条件、资源状况、开发条件三大方面的调查。

（1）环境条件调查。包括调查区的名称、地理位置、交通区位条件、自然环境、文化环境、经济环境、环境质量、旅游发展现状等。

（2）资源状况调查。包括调查区域内的乡村旅游资源数量、密集程度,乡村旅游资源单体的类型、面积、形态,不同乡村旅游资源类型上的组合结构、同一类型乡村旅游资源内部的组合结构以及乡村旅游资源空间上的组合结构等。

（3）开发条件调查。包括对调查区域的"食、住、行、游、购、娱"六大要素的发展状况;旅游客源市场的人口学特征及旅游消费行为特征;与周边旅游资源的竞合关系等。

（二）乡村旅游资源调查的程序

（1）室内准备阶段。首先成立由乡村旅游、休闲农业、历史文化、资源环境、市场营销、园林景观等方面的专家组成的乡村旅游资源调查小组；然后制订相关的工作计划，明确调查人员分工情况、调查工作的时间安排、经费预算及成果表达形式等；通过各种方式事先收集与调查区域有关的资料，以便对调查区域有个大致的了解；准备好调查所需要的定位仪器、影像设备等技术装备。

（2）野外考察阶段。确定具体调查线路，对区域内的乡村旅游资源进行全面的调查，摸清资源基本状况和分布位置。

（3）整理总结阶段。将收集到的资料和野外考察记录进行系统总结，并借助有关技术手段，进行数据分析与处理，形成正式表格与图件，最后编写乡村旅游资源调查报告。

二、乡村旅游资源的评价

在乡村旅游理论与实践不断发展的过程中，一个亟待解决的核心问题是如何合理开发和利用乡村旅游资源，而解决这一问题的关键在于建立一套科学性、可操作性较强的乡村旅游资源评价体系。正确、客观、科学地评价乡村旅游资源是乡村旅游开发的基础和前提，评价的准确性直接关系到旅游资源的开发前景。

（一）乡村旅游资源评价的原则

为了使乡村旅游资源结果尽可能准确、可靠，以便于乡村旅游资源的开发利用，在进行乡村旅游资源评价时应遵循以下原则。

（1）系统性原则。乡村旅游资源的价值和功能是多层次、多形式的。对乡村旅游资源进行评价时，不仅要注重对旅游资源本身的价值进行评价，还要对涉及旅游资源开发的条件进行衡量，从而准确反映出乡村旅游资源的整体价值。

（2）客观性原则。对乡村旅游资源进行评价时，必须尊重客观事实，以客观存在的事实为基础，既不任意夸大也不能低估，要做到恰如其分。同时，要在乡村旅游资源定性分析的基础上配合定量分析，将乡村旅游资源评价的各项因子予以客观量化处理，力求评价的客观性。

（3）可操作性。评价体系中所选指标具有可测性和可比性。指标体系应尽可能简化,计算方法简单,数据易于获得,将各种指标集成为简单明了的综合指标,是乡村旅游资源评价研究的重要内容。

（4）效益性原则。评价乡村旅游资源要考虑其综合效益,即经济效益、社会效益、环境效益,而不仅仅只是考虑经济效益。因为乡村旅游资源的最终评价结果还是要用于实际中进行开发利用的,而对乡村旅游资源的开发利用,既要保证有一定的经济收入,又要能够促进当地社会发展,美化乡村自然环境,做到经济效益、社会效益与环境效益的兼顾与统筹协调发展。

（5）定量与定性相结合。指标体系要定量与定性相结合,以定量评价指标为主,但考虑指标体系涉及面广,描述现象复杂,无法做到直接量化,许多指标在衡量时还要考虑采用一些主观性评价指标。

（二）乡村旅游资源评价的主要方法

1. 定性评价

定性评价是一种描述性评价方法,主要采用包含美学价值、文化价值、科学价值、历史价值、环境质量、组合状况、区位条件、适应范围、旅游客量、开发条件在内的标准进行评价。该方法使用简单、应用广泛、包含内容丰富,但只能反映资源的概况,受主观因素的影响较大。体验性评价是定性评价中最常用的方法,根据评价的深入程度及评价结果的形式,可将其分为一般体验性评价和对旅游资源的美感质量评价。

（1）一般体验性评价。一般体验性评价是指根据旅游者在问卷上回答有关旅游资源的优劣顺序,或各方面专家讨论评价,或同级旅游资源在旅游信息资料上出现的频率,确定旅游区旅游资源的品位和档次,其结果表明旅游资源的整体质量和知名度。该方法不能用于一般的和尚未开发的旅游资源的评价。

（2）美感质量评价。美感质量评价是一种比较专业的旅游资源美学价值评价。一般是在深入分析了旅游者或专家体验的基础上，建立规范化的评价模型，评价结果多具有可比性的定性尺度或数量指标。其中对自然旅游资源的视觉美评价技术比较成熟，目前公认的主要有专家学派、心理物理学派、经验学派、认知学派（亦称心理学派）。

2.定量评价

随着旅游资源评价研究的深入，定量评价方法逐渐被采用，如回归模型方法、菲什拜因—罗森伯格模型、层次分析法等。由于定量评价法是根据一定的评价标准和评价模型，将有关旅游资源的各评价因子进行客观量化处理后再进行的，所以它的评价结果客观并具有可比性。在实践工作中定量评价方法受到越来越多的重视和越来越广泛的应用。

学者王云才在《论中国乡村景观评价的理论基础与评价体系》一文中提出乡村景观评价原则和模型，认为乡村景观评价应遵循景观生态原则、景观美学原则、景观资源化原则、景观价值原则和自然与文化遗产原则五个方面，并以此构建乡村景观质量评价指标体系内容，即乡村景观质量指标、乡村吸引力指标、景观认知程度指标、人造景观协调度指标和景观视觉污染指标等方面，对每一项指标加以细分，并对乡村旅游景观进行客观、综合的评定。

学者刘庆友则在《乡村旅游资源综合评价模型与应用研究》一文中根据乡村旅游（地）资源所包括的类型、旅游地属性状况以及相关方法与原则，选取外围（乡村旅游地周边）吸引物、可进入性、乡村资源、设施和乡村性，构建了乡村旅游（地）资源综合评价模型（见图 3-2）。

然后根据乡村旅游（地）资源综合评价模型，综合有关专家的观点，通过数据处理，得出分析结果，并由此进一步构建乡村旅游资源分级评价内容及各个评价因子的权重（见表 3-4、表 3-5）。

当然由于乡村旅游资源种类多样,一个评价模型并不能完全客观应用到所有的乡村旅游地,在具体运用时应根据实际情况做适当的调整。

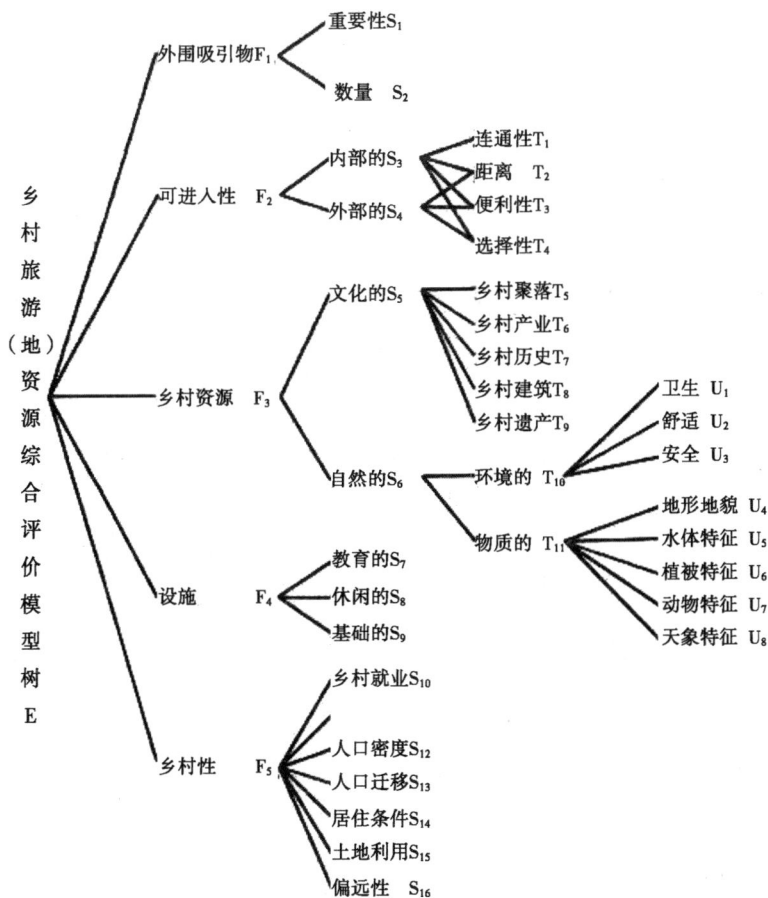

图 3-2　乡村旅游（地）资源综合评价模型

表 3-4　乡村旅游资源分级评价

评分因子			评分等级				
			1 ~ 2	3 ~ 4	5 ~ 6	7 ~ 8	9 ~ 10
外围吸引物	重要性		不重要	一般	较重要	重要	极重要
	数量		少	不多	较多	多	很多
可进入性	内部的	连通性	差	一般	较好	好	很好
		距离	很远	远	较远	一般	近

评分因子			评分等级				
			1 ~ 2	3 ~ 4	5 ~ 6	7 ~ 8	9 ~ 10
乡村资源	内部的	便利性	不方便	一般	较方便	方便	很方便
		选择性	差	一般	较方便	方便	很方便
	外部的	距离	近	一般	较远	远	很远
		便利性	不方便	一般	较方便	方便	很方便
		选择性	差	一般	较强	强	很强
	文化的	乡村聚落	差	一般	较典型	典型	很典型
		乡村产业	差	一般	较丰富	丰富	很丰富
		乡村历史	差	一般	历史久远代表性较强	历史久远代表性强	历史久远代表性很强
		乡村建筑	差	一般	较丰富	丰富	很丰富
		乡村遗产	差	一般	较丰富	丰富	很丰富
	环境的	卫生	很差	较差	中等	优良	极佳
		舒适	很劣	较差	中等	优良	极佳
		安全	很差	较差	较好	好	很好
	自然的 物质的	地形地貌	低而起伏之丘陵、山麓小丘或谷底,有趣的细部景观特征稀少或缺乏		险峻的峡谷、台地、孤丘,虽不具支配性,但仍有趣味性的细部特征		断崖高而垂直地形起伏、强烈的地表变动,具支配性非常显眼而有趣的细部特征
		水体特征	缺少或虽存在但不显眼	流动或平静的水面,但并非景观上的支配因子		干净清澈的或瀑状的水流,其中任何一项都是景观上的支配因子	
		植被特征	缺少或没有植物的变化或对照	有某些植物种类的变化,但仅有一两种主要形态		植物种类、构造和形态有趣且富于变化	

评分因子			评分等级				
			1 ~ 2	3 ~ 4	5 ~ 6	7 ~ 8	9 ~ 10
乡村资源	自然的	物质的 · 动物特征	野生动物 < 100 种，无珍贵野生动物	野生动物 100 ~ 200 种，珍贵野生动物不足 10 种	野生动物 > 200 种，珍贵野生动物 > 10 种		
		天象特征	一般天象，无奇特景象	天象美丽动人，在当地远近闻名	天象奇异绝妙，省内外名闻遐迩		
设施	教育的		无	一般	比较丰富	丰富	非常丰富
	休闲的		无	一般	比较丰富	丰富	非常丰富
	基础的		少	一般	比较完善	完善	非常完善
乡村性	乡村就业（第一产业人口就业比）		≤ 20%	21% ~ 40%	41% ~ 60%	61% ~ 80%	≥ 81%
	人口结构（农业人口占比）		≤ 20%	21% ~ 40%	41% ~ 60%	61% ~ 80%	≥ 81%
	人口密度（人 /km²）		≥ 801	601 ~ 800	401 ~ 600	201 ~ 400	≤ 200
	人口迁移（外出半年以上人口比重）		≤ 5%	6% ~ 15%	16% ~ 25%	26% ~ 35%	≥ 36%
	居住条件		很好	好	较好	一般	差
	土地利用（农林牧渔用地比重）		≤ 20%	21% ~ 40%	41% ~ 60%	61% ~ 80%	≥ 81%
	偏远性（主要景点距铁路、国道、省道）		≤ 10km	11 ~ 50km	51 ~ 100km	101 ~ 150km	≥ 151km

表 3-5　第一、二层评价因子的权重

评价因子	代码	权重值
外围吸引物	F_1	0.042
重要性	S_1	0.833
数量	S_2	0.167
可进入性	F_2	0.085
内部的	S_3	0.750
外部的	S_4	0.250

续表

评价因子		代码	权重值	
乡村资源		F_3	0.292	
	文化的	S_5		0.20
	自然的	S_6		0.80
设施		F_4	0.046	
	教育的	S_7		0.648
	休闲的	S_8		0.230
	基础的	S_9		0.122
乡村性		F_5	0.535	
	乡村就业	S_{10}		0.254
	人口结构	S_{11}		0.060
	人口密度	S_{12}		0.052
	人口迁移	S_{13}		0.116
	居住条件	S_{14}		0.097
	土地利用	S_{15}		0.371
	偏远性	S_{16}		0.058
总计　1				

（三）乡村旅游资源评价指标体系的建立

根据乡村旅游资源评价体系构建原则和框架模型,本书对评价体系的构建主要从以下几方面进行。

（1）研究设计。乡村旅游资源评价体系及评价模型的建立分四个步骤进行。

第一,根据乡村旅游资源评价的内容体系和研究假设将乡村旅游资源评价指标形成初步的量表。

第二,设计专家意见征询表,构建概念性模型。

第三,通过大规模的问卷调查,对样本数据进行相关性分析、因子分析。

第四,根据数据分析结果,验证研究假设,修正概念性模型,得出最终的乡村旅游资源评价模型。

（2）专家咨询。针对提出的评价指标,请有关专家对乡村旅游资源评价指标进行筛选、分析和补充。

（3）因子分析。因子分析是多元统计分析较为常见的一种分析方法,通过因子分析,不仅能够求得量表的结构效度,还可以把数据进行化简,找到变量的基本结构。

（4）评价指标体系修正。通过对乡村旅游资源评价要素的因子分析并对乡村旅游资源评价体系作相应调整,指标重新归类。

（四）乡村旅游资源评价模型构建

为了增强指标体系的实用性、可操作性,可以将乡村旅游资源评价指标体系量化,同时运用权重计算法构建资源评价模型。

（1）评价指标权重的确立。乡村旅游资源评价指标体系反映的是乡村旅游资源的主要影响要素,而每一要素对乡村旅游资源开发的影响程度不同。反映影响程度的重要性尺度是权重,为了更明确各项指标在测评体系中所具有的不同作用,需要对各项指标赋予权重。常用的确定权重方法有主观赋值法、客观赋值法、专家调查法和层次分析法。另外,因子分析法具有较强的客观性,因此,可以采用因子分析法确定评价体系二级指标的权重。

（2）评价指标的量化与标准化处理。根据各指标的作用性质及表现形式,对各评价指标进行量化及标准化处理。

（3）乡村旅游资源定量评价模型。采用多目标线性加权函数法建立生态旅游认证评估模型:

$$S=\sum_{n=1}^{p}[\sum_{j=1}^{m}(\sum_{i=1}^{n}A_ib_i)C_j]D_h$$

式中:S 为总得分;A_i 为第 i 个单项指标的分值;b_i 为第 i 个单项指标的权重;C_j 为第 j 个子主题的权重;D_h 为第 h 个主题的权重;n 为指标个数;m 为子主题个数;p 为主题个数。

（4）乡村旅游资源评价等级。乡村旅游评价指标体系中的每一个单项指标都是从不同侧面反映乡村地区旅游资源现状和未来发展趋势的。根据乡村旅游资源级别的划分,可以把乡村旅游分割成可操作的阶段性目标,为发展乡村旅游的地区提供了横向对比条件,也为乡村地区比较乡村旅游与其他类型旅游活动提供对比基础。

第三节　乡村旅游资源的开发与保护

一、乡村旅游资源的开发

乡村旅游资源开发是在一定范围的区域内,为了充分利用各种类型的乡村旅游资源,突破乡(镇)行政区域或行业的限制,根据功能优势互补、寻求最大效益的原则组合旅游资源、优化旅游产品结构和竞争优势,开拓旅游市场的过程。乡村旅游资源的开发应该与一般旅游资源的开发不同,它需要更多地展示自己最核心的东西——乡土味。除了目前常见的特色民俗风情旅游,围绕古建筑、古村落进行的乡村旅游项目,农业生产也是乡村旅游开发的重点之一。乡村旅游资源开发是一项复杂的系统工程,涉及区域背景、旅游资源状况和前景、环境保护、人力资源开发、旅游管理政策措施等因素。

（一）乡村旅游资源开发的内容

要通过旅游开发,把乡村旅游资源变为一个相对成熟的乡村旅游目的地,离不开硬件设施的支撑,以及吸引力和软服务的注入。通常来说,需要开发的内容包括基础服务设施、乡村旅游产品、乡村旅游要素体系、乡村旅游节庆活动等。

（1）基础服务设施。通常包括乡村公路、农村供水设施、农村电力设施、农村污水垃圾处理设施等农村基础设施,也包括旅游停车场、旅游厕所、标识牌等乡村旅游服务设施,是乡村旅游资源开发的首要前提。一般情况下,该项内容由地方政府负责开发。

（2）乡村旅游产品。原始状态的乡村旅游资源,需要经过创意的设计、包装、打造,才能成为具备市场吸引力的乡村旅游产品。依据基本经营形态和生产生活空间,利用相应的乡村旅游资源,我们可以开发民宿、农庄、度假村和市民农园四类产品。在乡村旅游资源组合性较强的地区,我们还可以开发乡村旅游村域、乡村旅游景区、乡村旅游集聚区、乡村旅游度假区四类产品。

（3）乡村旅游要素体系。面对成批旅游者的到来,仅有基础设施和核心产品是远远不够的,需要在原有乡村外形的基础上,做一定的改造和建设,将旅游的"吃、住、行、游、购、娱"等要素融入乡村旅游中。

（4）乡村旅游节庆活动。结合民族节庆和乡村资源,周期性地开发采摘节、服饰节、音乐节、美食节、过大年等节庆活动,可在乡村地区形成一种特殊的旅游吸引物。通过节庆活动的举办,可以吸引区域内外大量游人,具备强大的经济和社会效益。

（二）乡村旅游资源开发的原则

乡村旅游资源开发过程中要注意的首要问题是协调好开发与保护之间的关系,开发活动必须贯彻如下原则。

（1）保护优先原则。乡村旅游资源开发必须以保护为前提。乡村旅游开发地往往是生态环境保护较好、自然景观优美、人文景观朴实、受工业化辐射较少的区域,若没有保护优先原则,在经济利益的促动下,可能会造成乡村景观的破坏及景观特色的消失。

（2）科学管理原则。科学管理是减小乡村旅游开发活动对旅游资源及旅游环境影响的有效手段。在乡村旅游活动的管理中,可采用制定环境保护及传统文化保护与建设规划、开展旅游环境保护科学研究、建立环境管理信息系统、强化法制观念、健全环保制度、加强游客和当地居民的生态意识等对策来加大管理力度。

（3）生态经营原则。乡村旅游系统是一个地域生态系统,有其特定的物质能量循环方式和规模,任何外来的物质和能量都可能对这一循环系统产生影响。因此,在生态经营原则下,要求乡村旅游资源开发与经营给乡村生态系统带来的额外的物质和能量尽可能少。

(4)保持特色原则。乡村旅游之所以能吸引外地居民和城市游客甚至国外旅游者,主要的一个原因就是乡土特色。乡村旅游资源开发要在保持乡村特有的"土"味和"野"味的前提下进行可持续性的开发,使得乡村旅游具有天然情趣和闲情野趣。

(三)乡村旅游资源开发的基本要求

(1)强化历史文脉的传承。乡村旅游资源开发应该因地制宜,结合当地的历史人文环境及村民的生活模式,使整个乡村规划有机地融入所在区域的大环境中。在村落改造中注意保护原来风貌,保留原有的寨墙、街巷、树木及传统的建筑形式,增加碑、坊、亭、廊和住宅里弄,并依据历史原貌修建具有标志性的传统古典建筑或重要遗址遗迹。

(2)重视乡村生态环境的保护。乡村生态环境是影响乡村旅游资源开发的关键因素,也是不同乡村实现差异化开发的必要条件。所以,在开发设计时应充分考虑地形、地貌和地物的特点,尽可能在不破坏村庄原有的河流、山坡、树木、绿地等地理条件的同时,加以巧妙利用。例如,安徽省南部山地的很多著名旅游村镇都依山傍水、景色宜人,具有特殊山水格局,基本上都是基于与原生态环境的融合之后形成的各具特色的风貌景观。

(3)确保旅游安全。居住和游憩环境是否安全,是旅游者和村民共同关心的问题。创建一个舒适安全的乡村环境不仅需要有科学的、健全的乡村旅游安全规章制度,而且在很大程度上取决于乡村开发对安全性的考虑。在旅游者聚集的人员密集区和居民住宅区的开发中应充分考虑对突发安全事件的应急处理和有效防范,如通过控制规划区和出入口、明确划分紧急通道和退避空间等措施来提高规划区的安全应急能力。

（4）加强环境卫生的治理。在乡村旅游资源开发中，环境卫生条件的保持对维护乡村旅游吸引力来说意义重大，因为它不仅是解决村民日常生活需要的基本保证，而且还是乡村旅游质量稳定的物质基础。在环境卫生服务设施的设置上，既要考虑因旅游者进入而增加的废弃物处理，也要考虑村民的生活要求和行动轨迹，对乡村级商业餐饮等服务设施进行外向到集中设置。车辆存放与垃圾处理是乡村服务环境的关键问题之一，要在乡村规划中明确大中型旅游车辆村外停放的原则，遵循集中与分散的布置方式对小型旅游车辆或村民自备车进行因地制宜的多途径应对，如利用次干道的路边空间或院落中的半地下室以及高架平台下部等。

（5）完善基础设施建设。基础设施完备与否是决定乡村旅游能否进行旅游专有设施建设的前提。水、电、通信等主要线路是开发旅游产品、设计旅游项目并促进特色乡村旅游经济发展的基本保证。要做好各方面的基础建设，包括水、排污、电、电信及电视线路，选用各类设施设备时要充分考虑容量、服务半径和供给能力，并随时注意扩容、确保使用。

（四）乡村旅游资源开发的基本流程

1. 组建开发小组，进行前期统筹规划

开发小组负责对整体开发工作进行筹划、规划、监督和执行。

乡村旅游资源的开发是在特定的乡村环境中进行的，开发过程及开发后的经营都将对乡村社会、经济和环境产生重大的影响。同时，对乡村旅游资源的开发也是为了乡村城镇化的发展而进行的，要考虑乡村居民的切身利益。因此，对乡村旅游资源的开发要做总体规划，实行具体的开发程序，并在"资源＋市场"开发导向下拟议旅游项目。对开发项目的影响因子进行识别，为定性定量的预测和解释影响的程度提供基础数据，以提出增进有益影响的建议，制定消除或缓解有害或负面影响的对策。

2. 筹措开发资金

依据"谁投资,谁受益"的原则,预估资金投入和回报,自筹或融资,合理投入于资源开发的各环节之中。

3. 全面调查研究

在确定规划前要对各方面内容作好详细的调查研究。主要是需要相关部门,如林业、农业、园林、城建、环保、交通、通信、旅游等部门提供所需资料,配备必要的设备及后勤组织工作等,以保证旅游规划设计工作顺利进行。收集资料后要尽可能利用资料信息,从中发掘出有价值的东西。同时,还必须进行实地考察。

4. 具体推进实施

(1)旅游产品构建。靠策划,靠创意,把原生态的、同质类的资源按不同的手法打造,依不同的风格装修,抓住本地、本村、本户特色,夸大特色,凸显优势,制造差异,塑造不同类型的产品。

(2)基础设施建设。旅游是一种复杂的社会经济活动,面对大量旅游者的到访,应该要保证他们观景、美食、住宿、出行、购物、娱乐等需求得到满足。任何形式的乡村旅游形态,古镇、村庄、农庄、林牧场等,原生态不等同于原状态,必须要作一定的改造和建设。另外,停车场、指路牌、指示牌、安全警示牌、污水垃圾处理、上下水、化粪池等都要建设完善。

(3)持续拓展市场。建设农业旅游示范点是持续拓展市场的方式之一。一方面可以扩展旅游业态,满足人们的需求;另一方面还可以调整农业产业结构,增加农业附加值,提高农民收入水平。就目前而言,大多数的乡村旅游开发者就是乡村旅游的经营者,但很多乡村旅游点只重建设不重管理,只重噱头不重品质,常常造成了营利能力低下和发展后继无力。在经营过程中,如何加强宣传、拓展渠道,通过营销激发游客出行欲望,也是一项容易被忽略的难题。因此,组建专业的经营和营销团队,实施合理的经营和营销策略,也是乡村旅游资源开发流程中的重要环节。

(4)人才培训建设。人力资源是第一生产力。新农村建设需要人才,开展农业旅游更需要相应的人才。客观来讲,农民群众普遍知识面不广,文化程度较低,要解决这个问题,重要的途径就是学习培训。各级旅游主管部门要配合区域内乡村旅游项目开发工作制订出具体的人才培训计划,并争取与农业、教育、劳动、民政等部门的人才培养计划对口合作,实现共同推进和实施;要依托现有的旅游人才培训中心和其他培训中心,争取必要的财力支持。

（5）科学全面管理。管理的主体是政府,也可群众自治,合定乡规民约,旅游部门要研定一些标准,如从业资格、环境条件、服务标准等,以便有参照、目标和依据。还可推行旅游行业管理经验,出台一些等级划分、品牌服务、诚信建设的规范等,使乡村旅游在市场牢牢站住,得到长远回报。

（6）定期更新和升级。为保持乡村旅游项目的长期竞争力,需要有计划地进行更新升级。例如,湖州市从 1998 年开始每隔 5 年左右,就在市场和政府的双重引导下,进行一次乡村旅游产品的全面更新,使其发展阶段不断提升,目前已经由"农家乐"到"乡村旅游"再到"乡村度假"和"乡村生活",被称为"中国乡村旅游第一市",就是因为其始终领先竞争对手一步,进行乡村旅游产品的更新和升级,维持乡村旅游的竞争力。

二、乡村旅游资源的保护

从哲学层面看,旅游开发既是一种保护又是一种破坏。旅游资源开发将改善、美化资源环境;旅游收益也为资源保护创造了经济条件。但是,伴随旅游开发而带来的环境污染、游人的不文明活动及行为、外来文化的冲击等都会对旅游资源造成破坏。乡村旅游资源保护是伴随着乡村旅游资源开发而提出来的一项重要议题。它不仅包括对乡村吸引物本身进行保护,使之不至于因为开发和使用不当而遭受破坏,而且涉及对其所在自然生态和人文环境的保护。

（一）开发与保护的辩证关系

丰富的乡村旅游资源成为发展乡村旅游的前提和保障,这些资源的存在和延续不单单是为了增添游客的乡村旅游体验,更是当地人们生存环境和生活条件的优化表现。乡村地区的人居环境和社会环境是促进农村地区安全稳定的风向标。通过保护,以期能更好地维持自然生态环境,保持"乡村性",维系"乡土"情。然而,资源的价值体现在更好地为人类的需要服务,对资源的开发恰恰有提高其价值的可能性。中国的西递、宏村,荷兰的Giethoorn（羊角村）、日本的濑户内、意大利的Cinque Terre（五渔村）等村落,借着市场化的手段,开发成为现代人向往文化气息的生活休闲之地,不仅更好地体现了其利用价值,同时也让其得到了更好的保护。

开发是在保护的基础上,通过周密的规划和妥善的管理,将问题的可能性降到最低。换句话说,保护与开发并不是对峙的,我们不能将它们对立起来。片面强调发展进行开发而不计较可能出现的不良后果是错误的,然而一味固守保护,过分坚守自然主义的观点也是不可取的。

（二）乡村旅游资源被损害和破坏的原因

为了有效地保护乡村旅游资源,人们首先有必要认清致使乡村旅游资源遭受损害和破坏的原因。大体上来讲,主要由自然因素和人为因素两大类作用所致。

1. 自然因素的作用

由于自然因素的作用而致使某些乡村旅游资源遭受损害和破坏的情况很多,其中较为常见的情况包括以下两种。

（1）突发性自然灾害。一些重大的突发性自然灾害的发生,如旱灾、洪涝、台风、风暴潮、冻害、雹灾、海啸、地震、火山、滑坡、泥石流、森林火灾等,往往会使受灾地区的旅游资源遭到重大破坏。有的甚至对某个乡村地区是毁灭性的破坏,如 2008 年汶川地震。一些重大突发性自然灾害发生在乡村地区的概率超过城镇地区,如泥石流一旦发生,可能冲毁乡村,破坏房屋、农作物、林木、耕地,对乡村旅游资源是毁灭性的冲击。同时,由于自然条件和基础设施等的限制,在发生自然灾害时,乡村地区往往遭受更严重的破坏,如洪水来临时可能淹没沿途的很多乡村,但在城市地区却可以有效避免。甚至于在灾害发生时,由于受交通的影响,救援不及时、乡村地区物资设备缺乏,还会给乡村居民带来更严重的生命安全问题。

（2）动物性原因。某些动物性原因,如鸟类和白蚁的破坏作用,往往会对乡村历史建筑和水利设施类旅游资源的安全构成威胁,如"国家级历史文化名村""首批中国传统村落"的傅村镇山头下村的多座古建筑遭到白蚁的大面积侵蚀,部分古建筑甚至存在倒塌的危险。而病虫害对农、林、牧业的影响也导致以此为基础的乡村旅游资源遭受破坏。农田景观和草场景观是大部分地区乡村旅游的核心资源,而它们所依赖的农作物和草场却极易受到病虫害的影响。

2. 人为因素的作用

除了自然因素的作用,更值得关注的则是人为因素而对乡村旅游资源造成的破坏,较为明显的这类原因主要包括以下几种。

（1）城市化因素。毋庸置疑,城市化为乡村旅游带来发展的机会,然而机会与挑战并存,在城市化的过程中对乡村旅游资源造成破坏和损害的例子也有很多,如"贵州某县的县级文物保护单位——龙家民居一夜被拆""江苏某市的市级文物保护单位——牛市古民居因野蛮施工被损毁"等。更甚的是对某一区域内整个乡村的拆除,让乡村不复存在,而存在于这一地区的乡村旅游资源也自然就无从谈起了。

城市化进程中乡村地区遭受破坏和损害的远远不止这些可以直观感受到的物质文化景观,同时城市"强势文化"对乡村传统文化的冲击也不容小觑。城镇化浪潮冲击下,以土地为依赖、以农耕生产方式为支撑、以血缘地缘关系为经纬的传统乡村社会面临解构。乡村肌理的慢慢褪去与乡村空心化,都提醒着我们城市化可能带给乡村旅游资源质的破坏。

（2）开发建设因素。乡村旅游多为经营者自主开发,有些开发者在开发建设的过程中,由于不注意环境保护或是出于一己私利等原因而导致当地环境景观遭到破坏的现象也较常见,如随意炸山开路、砍伐森林、大兴土木等。此外,乡村旅游资源过度开发客观上也是导致当地乡村旅游资源质量下降的重要原因之一。例如,不少乡村旅游地大兴土木、大建楼堂馆所和大型娱乐设施、乡村旅游地被改造成主题公园从而使村落景观失真,使得乡村旅游赖以存在和发展的乡村旅游资源特色消失,造成农村地区乡村特性的淡化和乡村景观的庸俗化。

（3）旅游活动因素。在我国乡村旅游业的发展过程中,旅游开发引起旅游者数量增加,大量旅游者的踩踏使土壤板结,树木枯死;游人在山地爬山登踏时,部分游客挖掘土石,从而造成水土流失,树木根系裸露,出现成片山草倒伏的情况等现象,对自然生态环境产生了巨大破坏。此外,游客的进入和旅游活动的开展对乡村自然生态环境也可能造成污染。旅游活动中交通工具排出的废油、废气,对乡村地区的空气环境构成影响。可以说,旅游活动在一定程度上加剧了自然生态环境的恶化和污染。

除了对自然生态环境的负面影响,随着大量游客的涌入还加速了自然风化的速度,导致古迹的破坏。

（4）经济落后。一般来讲,乡村地区的经济较为落后,由于经济方面的原因对乡村地区的旅游资源造成破坏和损害的例子也越来越多。例如,山西某县被誉为"活化石"的半坡古村,全村有明清时期的院落古宅有六七十处,但为开采地下煤资源而进行强制搬迁,强制拆除古宅。另外还有一些古民居的主人由于拆迁能获得高额补偿,纷纷将旧建筑拆掉,建成二、三层的新楼,导致很多优秀古民居消失,如厦门海沧东屿村的李妈吕宅等。从很大程度上来讲,经济因素会从内部瓦解人们对乡村旅游资源的保护意识。

(三)乡村旅游资源的保护措施

对乡村旅游资源的保护有主动式保护和被动式保护两种,它们之间的关系也就是通常所讲的防治和治理之间的关系。明显地,我们在对乡村旅游资源进行保护时应当以"防"为主,以"治"为辅,"防""治"结合,运用行政、经济、技术、法律等方面的手段,进行管理和保护,实现乡村旅游的可持续发展。

1.实施规划统筹,适度留白

对于开发建设因素可能带来的危害,在开发者进行开发前就应当采取必要措施进行预防。例如,湘西老司城遗址在开发之初便设立了相关的保护条例,要求开发利用遵循对文物原样保护。像这种开发前实施规划统筹,对旅游资源利用设立"开发红线",实行适度留白的策略,是乡村旅游资源开发的前提,同时很好地保护了资源周边的生态环境和文化环境。

2.落实经济扶持,切实保护到位

经济与政策的倾斜支持是保障乡村旅游更好发展的重要因素。资金充足使乡村旅游资源能得到最有效的开发、乡村的基础设施也能得到更好地建设、交通可以很好地得到改善,而这些也能更好地激励当地居民参与到保护中来,实现乡村旅游资源的可持续利用。

3.促进当代价值活化,收益反哺

我国地域文化异彩纷呈,戏剧、传统手工艺、绘画、音乐、器具、生活方式等都是地方文化的活化石,一些博物馆记录了远古的生产状况和农耕文明,展示了乡土文化的独特魅力。通过举办节庆活动,可谓活化这些地方传统文化的当代价值。

4. 加强技术创新,节能减排

在劳动人们的智慧和辛勤劳作之下,乡村地区很好地演绎了人与自然的和谐。被称为神秘"东方古堡"的理县桃坪羌寨,从建立至今已有 2000 多年的历史,人们在感叹其就地取材的绝妙和建筑艺术的精湛时,更惊奇其完善的地下水网。像这种天然的低碳社区,可以在适当的地区因势利导地开发旅游,不仅保护了原有的旅游资源,同时增添了当地的资源魅力。除了发掘古人的智慧中的技术在现代旅游开发上的运用,还应引入现代先进的科学技术,如广泛地推广和应用清洁能源技术,安装先进的排污系统等。

5. 强化立法,严格执法

不少旅游资源的破坏都是由于法制不健全,人为原因造成的。所以,为了旅游业的可持续发展,必须通过立法手段来加强对资源的保护,对破坏行为实行强制干涉和惩罚。我国自 20 世纪 50 年代初开始先后制定了多种旅游法律法规,如《文物保护法》《环境保护法》《风景名胜区管理条例》等,它们已经在旅游资源的保护中起了一定的作用,但实际保护工作不尽如人意,而具体落实在乡村地区的尚属空白。关于乡村旅游及其资源保护的立法需相关部门提上日程。在采取宣传、立法等预防性措施的同时,应对损害和破坏旅游资源的单位和个人给予必要的严厉的行政处罚和经济处罚,对造成严重破坏者,还应追究其法律责任。而制定和实施乡规民约,提高旅游目的地居民的自我约束能力和资源保护意识,也显得非常重要。

6. 强化管理部门职能,加强旅游管理和引导

旅游管理部门应当遵照国家法律法规,根据市场形势,履行职能,将乡村旅游资源保护工作落到实处。加强对乡村旅游资源开发活动的管理和引导,对于那些会导致乡村旅游资源受到威胁的旅游活动,应给予一定的限制;对于某些景区在某些时段内的超负荷运转,应采取有效的措施对游客进行疏导、分流或限制;对于游客的旅游行为,要加强管理并建立奖惩机制。

第四节　乡村旅游资源整合的必要性、原则及案例简述

在我国社会经济改革和旅游产业转型升级的大背景下,乡村旅游也要转型升级。我国大部分地区的乡村旅游虽有了较快发展,但从总体上看,尚处于起步阶段,主要问题为规模较小、档次较低、效益不高,但其发展势头非常强劲。因此,要注重规划引导,着力推进乡村旅游资源整合。乡村具有各种类型的旅游资源,乡村生态旅游的发展必须以乡村生态环境为基础,以乡村旅游为主题,整合各景区、乡镇、村落的旅游资源,着力构建以生态观光、有机采摘、山水休闲、民俗风情等为主的综合化乡村旅游产品体系,打造乡村旅游特色品牌。

一、乡村旅游资源整合的必要性

对乡村旅游资源进行整合,主要出于以下几点考虑。

(1)乡村旅游起步阶段应有个高起点。尽管有着丰富的乡村旅游资源,但是已开发成熟的旅游地较少,整体开发程度则更低,发展速度与旅游需求之间还存在着差距。旅游资源整合是实现乡村旅游资源市场价值最大化和综合效益最大化的过程。例如,四川西昌市乡村旅游资源在地理区位的分布上相对比较集中,最近在市区,最远不过距市区 32km、30 分钟车程,旅游目的地可进入性较好。资源主要分布在安宁河流域、108 国道沿线、西昌市区周边、邛海泸山风景区环线,交通便捷。植物果木、花卉、田畴湖面等,资源面积都比较大,各种乡村旅游资源协调性好。乡村旅游景观的组合适合旅游者方便、舒适地观光、体验、休闲度假。西昌乡村旅游的发展极大地拉动了周边各景区(点)的旅游经济

发展,以西昌为中心辐射周边各景区的旅游经济圈已初步形成。

（2）乡村旅游产品质量较差,有待提高品级。乡村旅游经营者对乡村旅游的核心吸引力难以准确把握。乡村景观处于自然呈现状态,经营者没有进行任何的加工改造,无法充分将乡村旅游资源展示给公众,以最佳的旅游线路引领游客观赏景观,这极大地影响了乡村旅游和完整旅游体系的建设。

（3）乡村旅游形象模糊,有待打造品牌形象。由于我国乡村旅游还处于起步阶段,因此乡村旅游形象难以被旅游者感知,尤其缺乏知名度高的品牌,地域旅游特色尚未形成,旅游整体形象有待定位和塑造。乡村旅游资源适时整合,就是对旅游形象理念的一种具体表达、丰富和延伸。要树立乡村旅游品牌形象,为乡村旅游的持续发展奠定基础。

（4）乡村旅游资源开发各自为政,有待统筹。目前乡村旅游资源开发几乎处于自发的无序状态,有可能造成旅游发展的恶性竞争、开发效益低下等不良后果。只有打破各自为政的分散局面,对丰富的乡村旅游资源进行"围绕重点、突出特点"的大整合,才能实现乡村旅游的高起点、高水平、高质量。

二、乡村旅游资源整合的原则

（1）准确把握乡村旅游资源整合的原则。应在充分调查的基础上,摸清旅游资源的特色、类型、数量、分布,从而科学地规划乡（镇）地域组合结构、类型搭配结构,明确其开发利用方向,为乡村旅游资源的深度开发奠定基础。经过开发后带来的经济、社会、环境效益都在整合范围内。

（2）树立乡村旅游品牌的原则。树立乡村旅游品牌是一个有效的整合中心,以乡村旅游资源为背景,以系列化、特色化和精品化的旅游产品构建主题不同、功能互补的乡村旅游产品体系。保证不同乡（镇）地域内的和谐、高效,同时立足于生态系统的保护优化,实现最有效的保护与优化、利用和开发乡村旅游资源。北京市各级政府为了凸显乡村旅游的特色化和差异化,在"十一五"期间制定了"一区(县)一色""一沟(村)一品"的乡村旅游定位和策划,开发旅游产品的特色化和制定发展乡村旅游的新型业态,推动产业结构优化升级。突出北京市10个县区各自的特色,并且进行定位,如门头沟区"山部水谷、北京第一山水庄园";房山区"北京祖源、休闲胜地";大兴区"绿海甜园休闲旅游区";通州区"滨水新城、漕运古镇";顺义区"临空型商务会展旅游之都";昌平区"商务花园新区、温泉会展胜地";怀柔区"不夜怀柔,旅游经济强区";平谷区"休闲绿符";密云县"生态密云,休闲之都渔乐圈";延庆县"国际旅游休闲名区"等。乡村旅游业的特色与品牌,是产业发展所必须突破的关键瓶颈。但实际上,一些经营者利用自有农田、果园、牧场、养殖场搞起乡村旅游,彼此相互模仿,致使功能雷同,难以凸显差异,不利于品牌发展。

(3)发展地域特色的原则。在乡村旅游资源整合上,不仅要对乡村生态景点进行整合,还要以乡村旅游资源为主体结合地域旅游特色景点、地域文化进行多方位整合。特别是立足乡村地域所独有的自身具有优势的民俗文化旅游资源,对民俗文化内涵进行提升,是保持乡村旅游竞争优势的有效途径。乡村旅游只有在内容和形式上充分体现出与城市生活不同的文化特色,体现出鲜明的地域特色、民族色彩和文化内涵,并将之融合于优美和谐、平衡发展的生态环境中,才能最大限度地激发旅游者的需求动机。

(4)市场需求的创新与引导原则。乡村旅游资源整合,可为旅游者提供更多的旅游服务项目,从而激发其更大的兴趣。供给与需求的互动说明资源的深度开发在增加旅游项目、引导旅游者需求和扩大市场需求中的作用是不可缺少的。要通过乡村旅游资源整合与创新去谋求乡村旅游的可持续发展,乡村旅游资源的整合一定意义上就是创新过程。同时,发展乡村旅游,必然要求当地居民在市场的引导下培育市场经济意识,旅游者的进入也意味着大量的外来文化和先进思想的进入,这可以迅速提高农民的文化水平,使农民接受先进思想,从而实现"乡风文明"的目标。

（5）有序开发，同步发展的原则。有序开发，是指地域内各利益主体要正确定位，不搞恶性竞争；同步发展，是指在统一思想的前提下，按照地域内共同商定的框架发展。例如，各旅游产品开发时间上应有早晚、快慢之分，在开发思路上各自关注的重点应协同发展，共谋市场拓展。

（6）充分考虑村民利益的原则。改善乡村生态环境，增加村民收入渠道，使村民在旅游开发中真正获益。在整合乡村旅游资源时，应尽可能以投资和经营主体本地化为主，以吸引外部投资为辅。应合理整合社区、村民、经营者利益。目前乡村旅游中，还存在利益分配不公，广大村民利益得不到充分保障的现象。有些地方的"农家乐"，实际只是城市娱乐休闲设施向农村的整体外迁，与农业、农民几乎没有关系。

（7）生态效益原则。乡村旅游资源整合活动不能超过社会和环境的限度，否则会造成资源破坏、环境质量下降、社会治安混乱等负面影响，不利于当地旅游业的持续发展。

三、乡村旅游资源整合的案例简述

下面以广州小鸟天堂、贵州遵义红色旅游、北京顺义区四季观光采摘休闲线路为例，阐述乡村旅游资源的整合。

（1）广州小鸟天堂与现代农业基地两大景区旅游资源整合经营发展。"小鸟天堂"又名"鸟的天堂"，是一个以独特的鸟类生态风景为主题，集生态旅游、文化旅游、健康旅游、休闲旅游于一体的旅游风景区。小鸟天堂位于距广州市100km外的江门市新会区天马村天马河的河心沙洲上，是全国最大的天然赏鸟乐园之一。

小鸟天堂和现代农业基地两大旅游景区资源整合经营，成立"小鸟天堂—现代农业基地湿地生态旅游区"，是顺应旅游市场发展趋势，打造区域旅游品牌，做大做强旅游景区，促进新会旅游大发展的一个新举措。

旅游资源整合的具体目的和要求是："五整合"以达到"两增加"。

"五整合"即资源优化整合、区域品牌整合、招商促销整合、线路安排整合、服务质量整合。

"两增加"即增加服务项目内容、增加游客的停留时间。资源整合具有重大意义。第一，优势互补，资源共享，协同发展扩大了生态景观面积。第二，更有效地打造区域旅游品牌，丰富其文化内涵，增加旅游活动项目。

（2）贵州遵义红色旅游及乡村旅游资源的整合。遵义位于贵州北部，南临贵阳，北抵重庆，西接四川，是中国大西北和大西南出海通道的"咽喉要冲"。气候宜人，夏无酷暑，冬无严寒，雨量充沛，日照充足，因而遵义旅游季节性较弱，四季都适宜游览。遵义有丰富的红色旅游资源，遵义会议会址、红军山革命烈士陵园、娄山关战斗遗址、毛泽东故居、青杠坡战斗遗址、习水四渡赤水纪念馆等。同样，遵义还有丰富的乡村旅游资源，如风光迤逦的赤水风景名胜区、董公寺全国乡村旅游示范点和新蒲科技观光园区，有"小峨眉"之称的金鼎山寺、湘山寺、回龙寺，还有道真的傩戏、仡佬族等的戏曲歌舞等。旅游六要素即"食、住、行、游、购、娱"，要将红色旅游与乡村旅游相结合，使得旅游者来到遵义便可停留下来，从而带动遵义餐饮、住宿等行业的发展，促进经济的增长。将红色旅游与乡村旅游有效结合在一起，不仅能带动遵义市区经济的发展，还能带动农村经济的发展，从而促进整个遵义地区经济的发展。

（3）北京顺义区四季观光采摘休闲线路整合。大力发展以观光采摘为主的农业旅游业被北京顺义区政府列为2005年农业经济新的增长点。将全区8家有采摘项目的农业园区进行了资源整合，打出了顺义观光采摘的大品牌。整合了李桥的甜瓜、北务的番茄、北石槽的鲜杏、南彩和高丽营的樱桃、张镇的草莓，推出8条观光采摘路线。对观光采摘园区的基础设施、配套设施进行重点建设，进行全方位的包装和大规模的宣传推介。8条四季农业观光采摘休闲路线,包括以采摘瓜菜为主的景点 26 个,并为每条路线推荐了最佳的宾馆饭店,可以一年四季无忧地来顺义尽享田园的美景、无公害瓜菜的美味、采摘嬉戏的乐趣。

第四章 保障服务——乡村旅游设施建设

"工欲善其事,必先利其器。"良好的乡村旅游设施建设是促进乡村旅游健康发展的重要保障。与当前我国乡村旅游快速发展的现状相比,我国乡村旅游基础设施的建设还不够完善且较为滞后。这一现状会严重影响乡村旅游的健康发展,制约乡村旅游竞争力的进一步提升。因此,在今后发展乡村旅游业时,要高度重视乡村旅游设施的建设。

第一节 乡村旅游设施建设的基本原则与总体要求

一、乡村旅游设施的内涵

（一）乡村旅游设施的含义

在乡村旅游业的发展中,乡村旅游设施是不可或缺的物质基础。所谓乡村旅游设施,就是为了适应旅游者在乡村旅行游览过程中的需要而建设的各项物质设施的总称。

（二）乡村旅游设施的构成

通常来说,乡村旅游设施可以细分为以下几类。

1.乡村旅游交通设施

从某种程度上来说,没有交通也就没有乡村旅游,而且交通通达深度、交通设施的完善程度、交通服务质量是乡村旅游业发展的前提条件,也在很大程度上决定着乡村旅游能够吸引的旅游者数量。因此,在乡村旅游设施中,交通设施占有十分重要的地位。乡村旅游交通设施包括乡村外部交通(即从旅游客源地到乡村旅游目的地所依托的中心城市之间的交通)、乡村内部道路(即乡村旅游目的地内部的交通)、停车场、服务驿站、特色风景道、指引系统等。

2. 乡村接待服务设施

乡村接待服务设施涉及住宿、餐饮、娱乐、购物等多个方面,可以说是乡村旅游者使用量最大的一类乡村旅游设施。乡村接待服务设施的建设情况,将会对乡村旅游者的旅游体验产生重要的影响。

3. 乡村环卫设施

乡村环卫设施是乡村旅游便利性的重要保证,而且乡村环卫设施的建设情况在很大程度上影响着旅游者的旅游体验。一般来说,供水设施、供电设施、给排水设施、垃圾收运设施、旅游厕所等都属于乡村环卫设施。

4. 乡村信息服务设施

乡村信息服务设施是乡村旅游目的地为了使旅游者及时对乡村旅游信息进行了解而建设的,主要包括导览标识系统和通信设施两大类。在当前的信息时代,必须高度重视乡村信息服务设施的建设与升级。

(三)乡村旅游设施的重要性

在乡村旅游的发展中,乡村旅游设施有着十分重要的作用,具体表现在以下几个方面。

1. 乡村旅游设施影响旅游者的旅游体验

乡村旅游景点的设施如果不够完善,那么旅游者在整个旅游过程中的体验会变差。如此一来,旅游者对该乡村旅游景点的认可度便会下降,再次前来的可能性也会大大降低。而旅游者的减少,又会导致乡村旅游景点的收入减少,从而影响乡村旅游业的进一步发展。

2. 乡村旅游设施是乡村旅游品质的重要载体

乡村旅游设施涉及的内容是十分广泛的,而且在很大程度上影响着乡村旅游的品质。乡村旅游设施只有具备较强的功能性和独特的个性,才能使乡村旅游的高端品质得到有效凸显。

3. 乡村旅游设施展现乡村旅游的风貌

乡村旅游设施是乡村旅游整体形象和细节特色即"乡土味"的重要展现。而乡村旅游设施与乡土特色的结合,对于展现乡村旅游风貌具有重要作用。

二、乡村旅游设施建设的基本原则

乡村旅游设施建设所追求的并不是豪华、舒适,而是能够与当地农民的生活进行有机融合,能够最大限度地保持和突出当地的特色,并具有自然、朴素的特点。同时,在进行乡村旅游设施建设时,必须注重满足乡村旅游者的需要。要实现这一点,在建设乡村旅游设施时必须切实遵循以下几个原则。

(一)闲置性原则

乡村有着极为广阔的地域且变化十分缓慢,因此在乡村发展过程中出现的宗祠、农舍、水井、水塘、简易生活设施等闲置的文化遗存通常能够长时间保留。而在发展乡村旅游的过程中,可以充分利用这些闲置的文化遗存来建设乡村旅游设施。这不仅能够减少乡村旅游建设的成本,提高乡村闲置文化遗存的利用率,而且能够尽可能减少乡村旅游设施的人工痕迹,提高旅游者的乡村旅游体验。

近年来,随着大量的农村劳动力进城务工,乡村的闲置空间不断增多,包括房舍、仓库、田地等。此外,乡村本身就具备不少的基础设施,如对外联系的道路、餐厅、步道、凉亭、路标、垃圾桶等。这些设施物都是乡村旅游设施的重要组成部分,重建的话不仅需要大量的资金而且人工化的痕迹浓重。若是通过利用、改善原有的设施物来进行乡村旅游设施建设,如将仓库改作乡村旅游服务中心,则不仅花费少、对环境的冲击小,而且能够与自然有机融合。

（二）乡村性原则

乡村旅游设施并不是刻意雕琢的人工景观,而是注重将乡村风貌与乡土文化进行有机融合,以展现出人与自然的和谐相处。因此,在建设乡村旅游设施时,必须遵循乡村性原则,具体体现在以下几个方面。

第一,在建设乡村旅游设施时,可以对乡村老房子的建筑方式进行借鉴。这是因为,乡村老房子的建设成本比较低,而且建筑材料容易获得、方便施工。

第二,在建设乡村旅游设施时,要切实以乡村环境为依托,以便旅游者能够在旅游过程中充分体验浓郁的乡土气息以及乡村整体环境的和谐美感。

第三,在建设乡村旅游设施时,要切实体现一个"农"字,即乡村旅游设施要能够充分体现农家氛围。

（三）自然性原则

自然性原则指的是在建设乡村旅游设施时,要注重人与自然的有机融合,尽可能保证乡村旅游设施的建设材料要么直接从自然中获得,要么通过农民的生产获得,如木头、砖块、麦秸等。此外,在建设乡村旅游设施时,所选择的建筑材料要做到无毒、无腐蚀性,且能够回收利用。

（四）经济性原则

在进行乡村旅游设施建设时，要在充分考虑自身经济状况的基础上，尽可能降低建设的费用，并要确保建设好的设施能够为乡村旅游的发展带来良好的经济效益。这便是乡村旅游设施建设的经济性原则。

在建设乡村旅游设施时，之所以要遵循经济性原则，一个重要的原因便是乡村旅游设施的建设费用主要来自乡村旅游的投资商以及融资所得，而不论是进行乡村旅游投资还是融资，最终目的都是获得经济效益。在当前，随着乡村旅游业的迅速发展，越来越多的投资商进入这一领域，并出现了外商投资、负债融资、权益融资、股权融资、社会集资等投融资模式，从而使乡村旅游的投融资逐步进入了发展的"黄金期"。同时，乡村旅游投融资的进一步发展，使得可用于乡村旅游设施建设的资金比重逐年提高，乡村旅游设施得以顺利建设。而乡村旅游设施的顺利建设，必将带动乡村旅游的健康发展，继而使乡村旅游的投融资获得回报。

三、乡村旅游设施建设的总体要求

在进行乡村旅游设施建设时，除了要遵循一定的原则，还要符合以下几个总体性的要求。

（一）乡村旅游设施建设要注意多做"减法"，少做"加法"

一提到乡村旅游设施建设，绝大多数人们首先想到的是要新建哪些设施，很少会想到现有的设施是否存在冗余的情况，是否需要适当拆除一些。事实上，在已有的乡村旅游设施中，不乏对自然环境有害的、重复建设的。对于这些乡村旅游设施，必须要予以剔除，以确保乡村环境的保护以及乡村旅游业的可持续发展。也就是说，乡村旅游设施建设要注意多做"减法"，少做"加法"。

（二）乡村旅游设施建设的基调必须是单纯朴实的

在进行乡村旅游设施建设时，应自觉地追求单纯、朴实、自然的基调，切不可将乡村旅游设施建设得过于豪华与富丽堂皇，过于"洋气"。只有这样，才能确保所建设的乡村旅游设施与乡村旅游的内涵相统一，才能有效保护当地的资源和环境，才能使旅游者在旅游过程中切实获得返璞归真的体验。

（三）乡村旅游设施建设必须注重保护乡村环境

自然生态是乡村旅游产品的核心，厌烦了城市喧嚣的城市居民到农家就是为了亲近自然、享受自然。因此，在进行乡村旅游设施建设时，既要设计出有特色的乡村旅游设施，又要注重对乡村环境的保护，尽可能做到与自然环境有机融为一体。

第二节　乡村旅游交通与游憩设施建设

一、乡村旅游交通设施的建设

乡村旅游交通设施就是"游客出入乡村旅游区以及在其内完成游览、体验服务时所利用的各类道路网络、交通工具及配套设施"①。

（一）乡村旅游交通设施建设的关键因素

在进行乡村旅游交通设施建设时，要特别注意以下几个关键因素。

1.可进入性

利用特定的交通系统，从某一区位到达指定活动区位的便捷程度，便是可进入性。交通最基本的特征便是具有可达性，它是

---

① 郑莹，何艳琳.乡村旅游开发与设计[M].北京：化学工业出版社，2018.

连接旅游集散地和乡村旅游目的地的重要途径。因此,在进行乡村旅游的各类道路网络建设时,要确保其具有良好的可进入性。为此,必须要做好用于沟通乡村旅游景点至外部城镇或连通该地区干线、支线公路的建设,它是吸引旅游者进入乡村旅游的基础。

2. 功能性

在对乡村旅游区内的车道进行规划时,要首先考虑到的是采用人车隔离还是人车共存。采用人车隔离的车道规划,既能够保证汽车的顺畅行驶,也能够保护行人的安全。而采用人车共存的车道规划,就是在不对行人的步行以及沿街居民的生活造成威胁的前提下,允许汽车通行,但尽量不要让"穿过性"交通入内,并要对汽车的车速进行最低限速,以免出现威胁行人和居民安全的情况。为此,在对车道进行规划时,路面必须采用车子进入须慢行的设计构造。

3. 规范性

在进行乡村旅游交通道路建设时,要特别注意道路的规范性、合理性和细枝末节的联通性,以切实形成为旅游和生活服务的乡村交通网络。此外,在进行乡村旅游交通道路建设时,要注意以《公路工程技术标准》和《绿道规划设计导则》为技术指导,以切实确保所建设道路的质量。

4. 秩序性

在进行乡村旅游交通道路建设时,必须要建立清晰的秩序,让旅游者感受到一种愉快的空间和景观意象。为此,在进行乡村旅游交通道路建设时要切实考虑到以下几个问题。

第一,出入口与基地周围动线系统的联结。

第二,汽车与行人尽量避免冲突。

第三,与基地停车场或服务区相配合。

第四,对基地与周围景观造景冲突最小化。

5. 体验性

在进行乡村旅游交通设施建设时,要注重体验性的设计,具体如下。

第一,要注重乡村旅游交通线路的体验性设计。这能够进一步增强乡村旅游的趣味性,继而延长旅游者的旅游活动时间,促进乡村旅游的进一步发展。

第二,要注重乡村旅游交通工具的体验化,因地制宜地扩展诸如索道、游船、滑竿、骑马等体验性活动项目,增加共享单车等类型的交通工具。

6. 安全性

在进行乡村旅游交通设施建设时,要切实考虑到安全性这一因素,即要根据不同道路的性质和特点,合理选择道路平面形式、断面形式,路面结构、材料等,保证车辆、行人交通的安全和畅通。

7. 景观性

在进行乡村旅游交通设施建设时,要强化自然和文化特点,注意道路的景观设计与沿线自然条件和建筑物相协调,同时注意道路绿化的整体性和连续性。

8. 可持续性

在进行乡村旅游交通设施建设时,应重视建设过程中的生态要求,确保所建设的乡村旅游交通设施在不破坏生态环境的同时,能够进行可持续利用。

(二)乡村旅游交通设施的具体建设

1. 步道的建设

在乡村旅游规划中,步道是不容忽视的一个部分。通常来说,步道就是引导旅游者穿越特定户外空间而使用的林荫道、广场和绿地。因此,步道的建设情况,将会对整个乡村旅游活动的效果产生重要的影响。要建设一条好的步道,安全因素是首先要考虑的,其次要确保步道的宽度、斜坡适当,表面装饰材料能够防滑且具有耐久性,最后要注意步道的两边需有良好的景观、供行人休息的座椅,步道周边的植物、铺面、水池、喷泉等景致也需精心考虑,这对于增强旅游者的美感体验具有重要的作用。此外,在进行步道建设时,必须要做好以下几方面的工作。

（1）要做好步道的线路设计。步道的线路设计情况,会对旅游者的旅游体验产生重要的影响。因此,在进行步道的线路设计时,要做到有入景、展开、高潮、结尾部分。其中,入景要新奇,引人入胜;展开指在景象特征、景观类型、游览方式和活动上不断变换,起伏跌宕,使旅游者流连忘返;高潮是在游览中使旅游者感受最集中、最突出、最有特色的景观,应利用游览线路对主景进行泄景,使之若即若离,待成熟时达到高潮效果;结尾,使旅游者感到回味无穷。此外,从具体建设施工的技术环节来看,步道的线路设计应特别注意以下几个方面。

第一,步道的线路宜曲不宜直,宜险不宜夷,宜狭不宜宽。也就是说,在进行步道的线路设计时,要尽可能以景观的自然特点为依据,并充分保持景观的自然风貌,使旅游者在游览过程中能够不断变换游览视线,如登山、涉水、穿林等。如此一来,旅游者便能获得多样化的旅游体验,游览乐趣也会大大增加。

第二,步道的线路要尽可能设计为环形的,这样旅游者在游览过程中不用走回头路,能够始终保持游览的新奇感。

第三,步道线路的进出口设计要合理,尽可能避免拥挤的现象,而且要便于疏散旅游者。

第四,步道要注意坡度及台阶的设计。在保证路基稳定的情况下,步道应尽量利用原有地形以减少土方量。坡度超过12%时,要做防滑处理;坡度超过18%时,为了便于行走,需设适合游客步履的台阶。通常来说,室外踏步高度设计为 12 ~ 16cm,踏步宽度为 30 ~ 35cm,低于 10cm 的高差可以做成坡道。台阶计数宜在 8 ~ 11 级,最少不少于 3 级,最多不超过 19 级。台阶长度超过 3m 或需改变攀登方向的地方,应设置休息平台,供旅游者中途休息。

第五,步道的线路若是要穿过水面风景,则要注意将桥或浮桥作为重要的设计元素,以便在点缀景色、增加风景层次的同时,进一步丰富旅游者的旅游体验。其中,桥的架设要以水面的形式以及周围环境的特点为依据,如小水面者,所架桥型应轻快质朴,通常为平桥或微拱桥;水面宽广或水势急湍者,应设高桥并带栏杆,利用桥的倒影或曲折的桥身来增添水面景色;水面平缓者,应使桥体造型多变,一般可不设栏杆,或一边设栏杆,架桥低临水面,以便旅游者能够亲近水面,获得良好的旅游体验。浮桥是一种活泼、简洁的"桥",在运用到线路设计中时要注意表现出韵律的变化。

第六,步道的周围要注意景观的打造。乡村特有的动物或植物作为乡村的典型特征,可以应用到步道景观的营造上。这也能够更好地展现乡村风情,从而给旅游者留下更为深刻的印象。

(2)要做好步道的横断面设计。步道的横断面,也就是步道的宽度。一般来说,单人行的步道宽度为 0.8 ~ 1.0m,双人行的步道宽度为 1.2 ~ 1.8m,三人行的步道宽度为 1.8 ~ 2.2m。

(3)要选择合理的路面材料。乡村旅游景点的步道必须坚固耐磨,具有平滑的纹理和防滑的功能。为此,要注意选择合理的路面材料。通常来说,步道的路面材料有柔软和坚硬之分。表面柔软的材料如碎石、草皮、木材、卵石等,在前期的建造费用是比较低的,但在后期进行维护时比较麻烦,且需要较高的费用。此外,这些表面柔软的材料很容易磨损,且不便于残疾者使用。因此,在乡村旅游景点的步道上运用这些路面材料时,要注意将其应用于行人流量不多的地方。表面坚硬的材料如沥青、混凝土、预制板等,在前期需要较高的建筑费用,但后期维护比较容易,且花费不高。另外,这些表面坚硬的材料平滑、坚实,可供车辆必要时通行。因此,在乡村旅游景点中若有车辆通行的道路,就需要采用这些表面坚硬的材料。

2. 机动车游览道路的建设

在乡村旅游交通设施的建设中,机动车游览道路的建设可谓是重中之重。它既要承担乡村旅游景区交通集散的功能,又要承担一部分游览观赏功能。在进行机动车游览道路建设时,必须要做好以下几方面的工作。

(1)要做好机动车游览道路的线路设计。在进行机动车游览道路的线路设计时,应特别注意以下几个方面。

第一,机动车游览道路的平面线形应直捷、连续、顺适,并要安全舒适。

第二,机动车游览道路的线路要与地形相适应,并能与周围的环境保持协调一致。

第三,机动车游览道路既要满足汽车行驶的基本要求,也要满足驾驶者和旅游者在视觉方面的要求,即能够让驾驶者和旅游者获得良好的视觉和美好的景观感受。

第四,机动车游览道路的最小纵坡度一般应大于或等于0.5%,困难时可大于或等于0.3%,以便满足道路的排水需求。当遇特殊困难纵坡度小于0.3%时,应设置锯齿形偏沟或采取其他排水措施。

第五,机动车游览道路要控制好平均纵坡度,当越岭路段的相对高差为200~500m时,平均纵坡度宜采用4.5%;当相对高差大于500m时,宜采用4%;任意连续3000m长度范围内的平均纵坡度,不宜大于4.5%。

第六,机动车游览道路应成为乡村风情的串联通道,即所设计的机动车游览道路应注重对民风民俗等乡村文化的展现,并注意通过乡村文化主题小品、特色标识牌、特色文化展示等方式,构建融山水画卷、田园风光、历史文化、民俗风情等于一体的游览线路。

(2)要做好机动车游览道路的横断面设计。机动车游览道路的横断面主要有两种形式,即单幅路和双幅路。其中,单幅路是将双向行驶的车辆都组织在同一车道上,且通过道路标线对快慢车道进行划分,使车辆分道行驶。在不会破坏交通秩序且不会对交通安全造成影响的情况下,可以对快慢车道进行调剂使用。通常来说,当路段的交通量相对较小或是道路用地难以扩展时,可以采用单幅路这一道路横断面形式。

双幅路相比单幅路来说,是将双向行驶的车辆分为上下两道,因而使在行驶过程中更为安全。通常来说,双幅路适用于三种路段:一是双向机动车交通量都较大的路段;二是车道中心设置绿化带进行隔离的路段;三是双向车道不在同一高程上的路段。

(3)要选择合理的路面材料。在建设乡村旅游的机动车游览道路时,最重要的是确保其能够与行车安全要求相符合。为此,在选择机动车游览道路的路面材料时,要充分考虑材料的坚固性、平稳性、耐磨性以及承载力。此外,还要考虑到材料应有一定的粗糙度,并且少灰土、便于清扫。通常来说,沥青混凝土、黑色碎石加沥青砂封面、水泥混凝土或预制混凝土块等,都是较为理想的机动车游览道路的路面材料。

3. 自行车游道的建设

在我国,自行车可以说是一种极具特色的交通工具,且具有多种优点,如费用低、无污染、占用面积小、节省能源等。在乡村旅游中,完全可以将自行车作为一种重要的旅游交通形式,让旅游者在观赏风光的同时达到休闲健身的目的。为此,需要进行自行车游道的建设。在这一过程中,必须要做好以下几方面的工作。

(1)要做好自行车游道的线路设计。在进行自行车游道的线路设计时,应特别注意以下几个方面。

第一,在进行自行车游道的线路设计时,要充分考虑到景观资源的状况、地形以及气候等因素,尽可能体现出一定的地方特色。

第二,在进行自行车游道的线路设计时,要充分考虑到安全性,不可穿越地质不稳定的区域。

第三,在进行自行车游道的线路设计时,要充分考虑到生态性,不可穿越重要动植物栖息地等环境敏感区,以免造成生态环境的破坏。

第四,在进行自行车游道的线路设计时,要尽量配合地形,尽可能将对地形地貌的破坏降到最低。

第五,在进行自行车游道的线路设计时,要考虑到周围风景的多样性,因而最好设计成环路。

第六,在进行自行车游道的线路设计时,不能忽视引导设施、服务设施、交通管制设施的建设。

第七,在进行自行车游道的线路设计时,要注意在适当的位置设置休憩平台或水平车道,以供旅游者休息。

第八,在进行自行车游道的线路设计时,要充分考虑到游道的坡度。通常来说,坡度以小于 5% 为宜,最好不要超过 8%,其中坡度超过 2% 的路径不宜超过 4km,坡度超过 4% 的路径不宜超过 2km,若有特殊高差必须克服也尽量不超过 12%。

(2)要做好自行车游道的横断面设计。在进行自行车游道的横断面设计时,应特别注意以下几个方面。

第一,自行车游览道的路面宽度应按车道的倍数计算,而车道数应按自行车高峰每小时的交通量来确定。通常来说,为保证道路的整体性,同一乡村景区的自行车游览道路应采取相同的宽度标准。一般每条车道的宽度宜为 1m,靠路边的和靠分隔带的一条车道侧向净空宽度应为 0.25 米。自行车道路双向行驶的最小宽度宜为 3.5m,若混有其他非机动车时,单向行驶的最小宽度应为 4.5m。

第二,在自行车游览道的曲线转弯处,要充分考虑其曲率半径,并适当加宽自行车道转弯的内侧。

第三,自行车游道除了要有舒适、景观美质的车道行驶空间,还要有自行车停放空间以及休憩停留空间等。

第四,自行车游道的两侧要做好边坡、护栏、排水、照明、绿化等相关设施的建设。

（3）要选择合理的路面材料。在建设自行车游道时，路面材料优先考虑透水性铺设材料，在透水性不佳的地方，可以在碎石层下增设过滤砂层，并增加碎石级配厚度至 15cm 以上。为避免车轮打滑，路面铺设应避免与车行方向平行的勾缝，垂直方向的勾缝宽度不得大于 12mm，且道路表面的平整度上下之差不得大于 20mm。

此外，在建设自行车游道时，所选择的路面材料要具有耐久性、经济性，且维护起来较为容易。此外，所选择的路面材料的表面质感与原始色泽要尽可能与环境相融合，以免过于突兀。

4.停车场的设计

在对停车场进行设计时，应特别注意以下几个方面。

第一，在对停车场进行设计时，设计风格要尽可能与乡村旅游区（点）的整体造型保持协调一致。

第二，在对停车场进行设计时，要注意根据车型合理地安排车位基础层的厚度，通常游览车位的基础层厚度要大于小型车。

第三，在对停车场进行设计时，要尽量选择原本就平坦的空间，以减少人工的痕迹以及人工的建筑成本。

第四，在对停车场进行设计时，要注意采用透水软底的铺面材质，以便增加土壤的含水量。同时，要注意在不同功能的车道、车位及步道上，以不同铺面材质加以区分。但是，不论采用哪种铺面材质，都要确保其具有耐候性、耐压性、耐磨性及易维护性。

第五，在对停车场进行设计时，不能忽视绿化造景。停车场的绿化造景要切实能够发挥绿化的效果，并能够与周围的环境有机融合。

第六，在对停车场进行设计时，要尽可能选择坡度平缓、排水性良好的地点，并要考虑到旅游者可以接受的步行距离。

第七，在对停车场进行设计时，要注意与交通线进行紧密配合，并确保车辆的进入不会影响主要交通路线的通畅。

第八，在对停车场进行设计时，可以考虑采用路边停车的形式,且尽可能采用斜角停车的方式。

第九,在对停车场进行设计时,要注意留有一定的弹性停车空间,以免旺季时出现无法停车的现象。

第十,在对停车场进行设计时,要注意应在村庄主入口或游客接待中心附近区域设置大型生态停车场(可供旅游大巴车停放),村庄内可根据需要设置小型生态停车场。

二、乡村旅游游憩设施的建设

乡村旅游游憩设施是供旅游者观景及休息时的建筑物及坐具,它们的存在可使旅游者在旅游环境中停留更长的时间。

(一)乡村旅游游憩设施建设的原则

在对乡村旅游游憩设施进行建设时,需要遵循一定的原则,具体如下。

1.要展现乡土气息和地域风貌

在进行乡村旅游游憩设施时,要确保其在外观方面能展示出浓郁的乡土气息和地域风貌,能够对区域范围内整体景观起到点缀的作用。乡村游憩设施不应等同于城市的现代化景观,应以乡村环境为依托,营造出传统农耕社会的乡野之趣、田园之乐,保留单纯、质朴的乡村审美意味。

2.要体现原生态

在进行乡村旅游游憩设施建设时,要尽可能体现原生态。因此,乡村旅游游憩设施的建筑材料应取材天然,或选用当地特有的建筑材质,体现地域特征。一般情况下,可以选择原木质地、石材质地,甚至是秸秆稻草或海边地区的海草也都可以营造不同的建筑风格,还能带给旅游者天然纯粹的原生态体验。

3.要注重与环境的协调融合

乡村游憩设施应秉承师法自然、天人合一的传统理念,体现出建筑与自然的高度和谐。

通常来说,游憩设施应兼具实用与美观的双重功效,而所谓的美观并不是奢华铺张,而是可以与当地的自然或人文环境融为一体,能够成为地域乡村风貌的展示载体。因此,在进行乡村旅游游憩设施建设时,在选材上要注意体现乡土气息,在格局样貌上则要注意融入当地民俗文化中的一些特有元素。

(二)乡村旅游游憩设施建设的内容

在进行乡村旅游游憩设施建设时,通常来说包括以下几方面的内容。

1. 休憩座椅

休憩座椅是满足乡村旅游旅游者休息需要的最基本配置,也是乡村旅游区的重要构成元素。为了能够给旅游者提供舒适干净、稳固美观的休憩环境,休憩座椅在外观设计、位置设立、材质选择等方面都要综合考虑。

(1)休憩座椅的外观设计。为给旅游者提供舒适的休息环境,休憩座椅在外观上应与人体的生理需求相符合。因此,在对休憩座椅的外观进行设计时,要科学设计休憩座椅的高度、宽度、靠背以及表面等。一般座椅设计平均高度离地面约46cm,宽度30 ~ 46cm,同时座椅表面与靠背要与人体曲线相适合。

(2)休憩座椅的位置设立。

第一,休憩座椅在方位上应采用面对面或垂直排列,以方便旅游者之间进行交流。

第二,休憩座椅要尽可能布置在乡村旅游区的步行道、广场等位置。

第三,休憩座椅的周围尽可能搭配树木或墙壁等,以便旅游者能够获得安稳的感觉。

第四,休憩座椅最好设置在树荫下,还要注意配置独立的遮阳伞,以满足旅游者遮阳或避雨的需求。

（3）休憩座椅的材质选择。休憩座椅在材质选择上应尽量与乡村旅游区内的自然环境特性相配合，采用天然材质，如木料、石料、藤制品等，使其能够与周围环境相得益彰，体现美观与实用兼顾的原则。

2.观景平台与凉亭

旅游者在游览过程中，往往需要能够进行短暂休憩的场所，并且希望在这一场所观赏到特殊的景观。因此，在进行乡村旅游游憩设施建设时，要重视平台与凉亭的建设。

通常来说，凉亭可以作为旅游风景中的一种点缀，且能够让旅游者遮阳避雨。但是，凉亭的建造成本是比较高的，且有较高的地形条件要求。同时，凉亭的建造必须要兼具实用性和观赏性，建设的要求比较高。而观景平台的建设相对简易，且适于选择在视野开阔、景色怡人的特殊地点，可让旅游者在游览过程中止步于此，赏景小憩。此外，在进行观景平台建设时，必须要做好安全防护的设施和提醒。

在乡村旅游建设中，应综合考虑修建成本和旅游者休憩需求两方面的因素，对观景平台与凉亭进行结合使用。同时，在外观设计与主材料选择方面，可以木材、石材等天然材质为主，体现质朴、原始的乡土气息。

第三节　乡村旅游给排水与垃圾收运设施建设

一、乡村旅游给排水设施的建设

在乡村中，水是非常重要的一个要素，事关乡村的生存与发展。因此，在进行乡村旅游设施建设时，给排水设施的建设应特别注意以下几个方面。

（一）要优先实施区域供水

区域供水指的是水源相对集中、供水范围覆盖多个区域、管网连成一片的供水系统。

城乡统筹区域供水,可以确保水资源得到有效利用,并能有效保障农村供水的水质、水量。因此,在统筹城乡建设工作中,统筹城乡区域供水被认为是一项重要的工作。靠近城镇和区域供水管网的村庄要优先选择区域供水管网延伸供水,加快推进供水管网进村、入户。在测算用水量时,应当考虑旅游接待旺季时的需求。

（二）要保障饮用水安全

在进行乡村旅游的给排水设施建设时,要切实保障饮用水安全,为此要注意做好以下几方面的工作。

第一,要做好集中式给水工程的建设,以确保饮用水的供给充足。若是无法实现集中式给水工程的建设,则要选择单户或联户分散式给水方式,采用手动泵或小型水泵供水。

第二,要确保水源周围的环境卫生,而且给水厂站生产建筑物和构筑物周边 30m 范围内应无厕所、化粪池和畜禽养殖场,且不得堆放垃圾、粪便、废渣和铺设污水管道,以免饮用水被污染。

第三,要确保生活饮用水都经过了消毒处理,同时所有与生活饮用水接触的材料、设备和化学药剂等应与国家现行有关生活饮用水卫生安全规定相符合。

第四,饮用水的供水管材应选用 PE 等新型塑料管或球墨铸铁管,并要及时更换失修或漏水严重的管道,以免对饮用水造成污染。

（三）要做好雨水的收集与排放

在进行雨水的收集与排放时,可以充分利用地形,以自流方式及时就近排入池塘、河流等水体；也可以根据实际采用沟渠、管道收集或就地自然排放雨水。

一般来说，在采用管道收集雨水时，管材可采用混凝土管、硬聚氯乙烯塑料管、高密度聚乙烯塑料管等，管径一般为直径300～400mm，每隔20～30m设置雨水检查井。在选择沟渠排放雨水时，断面一般采用梯形或矩形，可选用混凝土或砖石、条（块）石、鹅卵石等材料砌筑。此外，要注意做好排水沟渠的日常清理与维护工作，防止排水沟渠被生活垃圾、淤泥等所堵塞。

（四）要做好污水处理

乡村旅游的发展，不仅为农村带来了可观的旅游收入，而且为农村带来了大量的污水。而大量污水的存在，不仅会影响农民的日常生活，而且会制约乡村旅游的可持续发展。因此。在进行乡村旅游给排水设施建设时，必须做好污水处理工作，具体可从以下几方面着手。

第一，城镇周边和邻近城镇污水管网的村庄，应优先选择接入城镇污水收集处理系统统一处置。

第二，村民居住相对集中的规划布点村庄，可以通过建设小型污水处理设施的方式，对污水进行相对集中的处理。通常来说，村庄小型污水处理设施的处理工艺应经济有效、简便易行、资源节约、工艺可靠。一般宜采用"生物—生态"组合模式，推荐选用"厌氧池—自流充氧接触氧化渠—人工湿地""厌氧池—脉冲生物滤池—人工湿地""厌氧池—风帽滤池—人工湿地"等工艺；有条件的村庄也可选用"水解酸化—好氧生物处理"等处理效率较高、运行费用较高的传统生化处理工艺；位于环境敏感区域并对排放水质要求高的村庄，可选用膜生物反应器等工艺。

第三，村庄若是处于复杂的地形地貌环境，村民分散居住且难以对污水进行集中收集，则可以采用相对分散的方式对生活污水进行处理。

第四,在进行污水处理时,不可对海洋、河流等水源造成污染。

第五,所建设的污水处理设施,其规模与性质应与乡村旅游的发展规模以及乡村旅游的游憩功能相适应。

二、乡村旅游垃圾收运设施的建设

随着乡村旅游的开展,大量的旅游者涌入农村,不可避免地会对农村的自然环境造成一定的影响。比如,乡村旅游景区的旅游者会带来大量的垃圾,而这会给当地的环境保护带来巨大的压力。因此,在进行乡村旅游设施建设时,要重视垃圾收运设施的建设。通常来说,乡村旅游的垃圾收运设施建设要包括配置收集设施、建立保洁机制和引导分类利用三部分内容,这里着重阐述一下前两个方面。

(一)配置收集设施

一般来说,垃圾收集设施主要包括两类,即垃圾桶(箱)和垃圾清运车。

1. 垃圾桶(箱)的配置

第一,垃圾桶(箱)的数量要充足,一般 5 ~ 10 户设置 1 个垃圾桶(箱),服务半径一般不超过 70m。

第二,垃圾桶(箱)的设施地点应隐蔽,以免影响旅游者的旅游体验,破坏环境。

第三,垃圾桶(箱)的容积由容纳服务范围和清运周期内的垃圾投放量确定,一般以 200 ~ 500L 为宜。

第四,垃圾桶(箱)要注意加盖,以免影响周围的环境卫生。

第五,垃圾桶(箱)选址应方便村民投放,并尽可能布置在村庄主次道路旁,位置相对固定,方便村民使用。

第六,垃圾桶(箱)要尽可能保持完好的形状,以免影响旅游者的观感。

第七,垃圾桶(箱)的所在地面应十分坚固,以免产生的废水等污染地面水或是饮用水。

2.垃圾清运车的配置

第一,垃圾清运车应根据服务范围、垃圾产量及车辆运输能力等来配置。

第二,垃圾清运车的数量要根据村庄的人口来确定,原则上总人口3000人以下的村配1辆,总人口3000～5000人的村配2辆,总人口5000人以上的村配3辆。若采用人力车清运垃圾,可在此基础上适当增加清运车辆。

第三,垃圾清运车可以是专用人力收集车、专用机动三轮收集车,也可以是专用运输汽车。

(二)建立保洁机制

在进行乡村旅游垃圾收运设施建设时,建立有效的保洁机制也是十分重要的,具体内容如下。

第一,提倡由清运车直接收集运输的垃圾收运模式,尽量减少设置村庄垃圾收集点。这样既可节约投资,也可防止因渗滤液漏出、蚊蝇滋生而带来的二次污染。

第二,鼓励农村发展生活垃圾源头分类收集、资源再利用,实现就地减量。一般来说,生活垃圾可分为有机垃圾、可回收垃圾、有毒有害垃圾和其他垃圾四类。其中,有机垃圾可生物降解,宜分类收集后就地处理,也可结合粪便、污泥及秸秆等农业废弃物进行资源化处理。资源化处理包括堆肥处理、结合沼气工程厌氧消化处理、生物转化等方式。设置人畜粪便制沼气的村庄,可将有机垃圾粉碎后与畜禽粪混合加入,以增加沼气产量。

第四节 乡村旅游的绿化设计

一、乡村旅游绿化设计的重要性

在发展乡村旅游的过程中,进行绿化设计有着十分重要的意义,具体表现在以下几个方面。

第一,植物绿化可以美化乡村旅游环境,并在维系大自然生态平衡、调和自然环境(如调节气候、涵养水源、增加生物多样性等)方面发挥重要的作用。

第二,植物绿化通过适当的空间配置方式,可以使旅游景区获得不同的气氛与惊喜,如为旅游者提供私密感觉、为旅游者的游览进行引导等。

第三,植物绿化可以将乡村旅游区营造出不同的视觉感受,包括美感、季节与时间上的表征、框景以及多层次景观的视觉感受等,从而使旅游者获得更多的游憩体验。

第四,植物绿化可以在一定程度上降低天然的灾害危险。

二、乡村旅游绿化设计的影响因素

在对乡村旅游的绿化进行设计时,会受到多方面因素的影响,其中较为重要的有以下几个。

(一)乡村旅游区的发展定位与特色

乡村旅游区的发展定位与特色,不仅会对乡村旅游区的品质、乡村旅游区的吸引力产生重要的影响,而且会影响整个乡村旅游区的绿化建设计划。因此,在设计乡村旅游的绿化时,首先要明确乡村旅游区的发展定位与特色,即以何种模式作为诉求,如有以花草类型为主、有以乔木或果树类型为主。以花草类型为主的乡村旅游区内,栽种大量及大面积四季花草作为乡村旅游区内发展特色,甚至区内餐饮食材也会标榜以当地植物为主,植栽计划以花卉为主,少量乔木及灌木为辅,诉求特色在于满足旅游者的视觉观感。以大量乔木或果树为特色的乡村旅游区内,让一般旅游者享受如森林般的清静与自然,或者提供旅游者体验亲身采果的乐趣。

（二）乡村旅游区存在的环境问题

在乡村旅游景区内,不可避免地会存在一些环境问题,而且这些环境问题主要是由乡村旅游景区内外的一些必不可少的建设所导致的。因此,必须采取有效的措施来解决这些环境问题。其中,绿化建设可以说是一个有效的解决策略。因此,在对乡村旅游的绿化进行设计时,要明确乡村旅游区内到底出现了哪些环境问题。

通常来说,为了解决乡村旅游区内存在的环境问题,如乡村旅游地因地理条件欠佳、建设后产生不良的景观（如挡土墙、排水沟等）,或是为了避免游客破坏乡村旅游区内部分设施等问题,使用的植物种类多以开花、具香气的植物或是利用悬垂性植物居多;为了解决乡村旅游区外存在的环境问题,如某些视觉角度景观不佳等问题,可以用乔木或灌木进行绿化,以确保乡村旅游区内的各项环境品质。

（三）特定的目的

在进行乡村旅游绿化设计时,很多时候是为了实现某一目的。这一类型的乡村旅游绿化属于较为积极的做法,即通过绿化建设手法在乡村旅游区内营造各种不同的空间,借以提供旅游者感受具丰富性的游憩体验,或提供利用绿化建设将远方美景纳入眼底的小空间,或者提供沉静冥想的小场所,或者提供休憩、聊天、停留的小空间等,而这些绿化建设的选择多半以具有特色的种类为主。

三、乡村旅游绿化设计的内容

在进行乡村旅游绿化设计时,以下两方面的内容要特别予以注意。

(一)选择合适的绿化地点

乡村旅游的绿化建设适当,能够使乡村旅游区增添环境正面效果,并有效改善环境问题。若是乡村旅游的绿化建设不适当,则不仅不会带来绿化的效果,还会导致一系列的环境问题。因此,在进行乡村旅游绿化设计时,需要选择恰当的绿化地点,以便通过绿化来彰显主题特色,达到吸引旅游者到访的目的。具体来说,在进行乡村旅游绿化设计时,可以选择以下几处地点。

1.入口处及旅游者主要动线地区

旅游者在进行乡村旅游时,最容易产生第一印象的地方便是乡村旅游区的入口处以及旅游者主要动线地区。因此,在选择乡村旅游绿化的地点时,入口处及旅游者主要动线地区是绝不能忽视的,并要通过绿化展现这些地方最美好的一面。

在对乡村旅游区的入口处及旅游者主要动线地区进行绿化时,要特别注意以下两个方面。

第一,在乡村旅游区的入口处,要注意栽种有观赏价值的植物,且所栽种的植物要注意灌木、乔木的合理搭配,以便让旅游者产生视觉上的冲击。

第二,在乡村旅游区内的旅游者主要动线地区,要注意以绿篱作为"引导"手法,避免旅游者在区内迷失方向,同时绿化所用的树种要以具有开花特性的灌木或直立型乔木为主。

2.可及性高的主题区域

在乡村旅游景区内,可及性高的主题区域也就是能够展现乡村旅游区的特色且旅游者最常到达的区域。在对这一区域进行绿化时,要注意让旅游者在心理层面上获得安全稳定的感觉,并要注意展现出区内的特色。比如,区内以花卉为主题特色,配置方式则以四季花草为主,乔木与灌木为辅,且以花卉主景为中心,周边则配置乔木以供游客乘凉或起地标指引作用,或配合灌木高低层次变化,形成"凹"形的地景地貌,可促使乡村旅游区内特色主题更为明显,让旅游者逛游主体更为聚焦。

3. 乡村旅游区内的不良景观处

这里所说的"不良景观处",就是指环境中因颜色、造型无法与乡村旅游区环境相呼应的设施或景观,或者区内不可避免的设施物,以及可能造成旅游者心理不安的场所和区域,如挡土墙、设施物墙面、废弃物堆放处、设施或场所有"锐角"的地方、潜在危险地区等。对于这些"不良景观处",必须要通过必要的绿化设计,使其被掩饰或被美化,继而使旅游者能够获得更好的游憩体验。

(二)选择合适的绿化树种

在进行乡村旅游绿化设计时,选择合适的绿化树种也是十分重要的。在这一过程中,应特别注意以下几个方面。

1. 根据绿化的目的来选择树种

在选择乡村旅游绿化的树种时,绿化目的是不得不考虑的一个方面,即要通过绿化的特殊性来达到营造气氛的目的。比如,在乡村旅游景区内,可以向日葵、薰衣草等为主题,设置小径及步道,让旅游者有身临其境的感受。

2. 尽可能选择原生地树种

植物的生长深受环境的影响,且不同的植物有其特定分布区域。因此,在选择乡村旅游的绿化树种时,要尽可能选择对当地的气候、环境等条件已能良好适应的原生地树种,以确保进行乡村旅游绿化的树种能够有较高的成活率和良好的生长情况。此外,在进行乡村旅游绿化时选择原生地树种,能够减少绿化管理的成本,更好地保持生态平衡,并进一步凸显当地特色等。

3.根据旅游区内各空间规划的属性来选择树种

植物的类型是多种多样的,而且不同的植物在外观、生理构造等方面存在较大的差异。从植物的生长高度来看,既有十分低矮可以作为绿篱的灌木,也有高达3～4m的可以界定空间、提供绿荫的大乔木;从植物的特殊性来看,植物既有重在观花的,也有重在赏叶的。因此,在对乡村旅游绿化的树种进行选择时,要充分考虑到旅游区内各空间规划的属性。

在乡村旅游景区的入口处,要尽可能选择杜鹃、桃金娘、雏菊、海棠等具有观花价值的低矮植物,以营造一种喜庆的氛围;在乡村旅游景区的主要动线地区,要尽可能选择罗汉松、龙柏、七里香等直立型植物或是绿篱,以便对旅游者的游览产生一定的"引导"效果。在乡村旅游景区内,若是想给旅游者提供乘凉场所,则要尽可能选择樟木、重阳木等开展型植物。

4.要尽可能选择鸟饵植物或蜜源植物

在生态系统中,植物往往会扮演着一定的角色,或是生产性的角色,或是支持性的角色。具体来说,植物在生态系统中,既要为草食性动物提供食物,也要为动物的栖息、藏身提供一定的空间。因此,在选择乡村旅游绿化的树种时,要注意考虑动物的栖息与觅食习性,选择适合当地物种的鸟饵或蜜源植物,以便在实现绿化目的的同时,为鸟类、蝶类、昆虫或动物提供栖息环境与食物。

第五节　乡村旅游网络信息平台构建

互联网信息技术的发展和网络营销手段的不断更新,促进了智慧旅游时代的到来。在这一时代,乡村旅游要想获得健康发展,必须要做好网络信息平台的构建,以便及时收集相关信息,对环境影响、乡村生态旅游发展效应等进行及时评价,并及时反馈,提出调整建议。

一、乡村旅游网络信息平台构建的背景

乡村旅游网络信息平台与其他的旅游网络信息平台相比,从网站的构建技术角度来看,在本质方面并没有什么区别。但就平台服务的对象,平台发挥的功能和作用,以及网络信息平台的信息单元组成而言,乡村旅游网络信息平台较一般旅游信息平台更具独特的原始自然性、新奇性、欣赏愉悦性、自主参与体验性、探险性等重要特性。因此,构建乡村旅游网络信息平台对于增大乡村旅游的份额、提高乡村旅游产品的品位、拓宽乡村旅游服务的客源市场前景具有极其重要的作用。

当前,我国的旅游者大多属于产品消费者,一些新奇的娱乐场所、海滨避暑胜地、名声较大的观光景点和名胜古迹等较符合旅游者的需求,他们希望花较少的钱和时间经历最多的旅游活动,这使得国内旅游产品的开发有了紧迫感,同时给旅游产品的集聚性和规模性提出了挑战。由于乡村旅游浓郁的乡土性、旅游资源的丰厚性、旅游主体的大众性、旅游形式的包容性、生态体验与教育功能的集成性、农村资源的可整合性、乡村生态环境优势等显著的旅游特征,使社区农民受益所产生的社会效应和经济效应明显增加。因此,乡村旅游的发展受到了越来越多的关注。

伴随着乡村旅游的发展,数字旅游也在国内蓬勃发展起来。在此影响下,乡村旅游业信息化建设成为乡村旅游发展的一个重要课题,乡村旅游网络信息平台构建也得到了越来越多的关注。构建乡村旅游网络信息平台,既可以及时发布乡村旅游的相关信息,也可以为旅游者定制特色旅游服务项目,从而吸引更多的旅游者,促进乡村旅游的可持续发展。

二、乡村旅游网络信息平台构建的重要性

进行乡村旅游网络信息平台的构建具有十分重要的作用,具体表现在以下几个方面。

(一)开拓乡村旅游产品的营销市场

乡村旅游网络信息平台的构建,能够为拓展乡村旅游产品的营销市场提供广阔的机遇和挑战,为乡村旅游资源可持续开发、利用、保护、科普教育提供科学数据和决策依据。具体来说,通过乡村旅游网络信息平台,可以对乡村旅游产品进行跨区域营销,从而使乡村旅游产品被更多的旅游者所认识,继而产生消费该乡村旅游产品的想法。如此一来,乡村旅游景区便能不断吸引新的旅游者,从而获得可持续发展。

(二)促进乡村旅游的规范发展

对乡村旅游网络信息平台进行积极构建,能够为旅游承载力、旅游线路可视化选择提供信息发布平台。与此同时,借助于乡村旅游网络信息平台,可以对乡村旅游管理措施、条例、法律制度和安全环境等进行有效规范,最终切实打造出一个有序的、文明的、安全的乡村旅游产品良性循环的信息环境。如此一来,乡村旅游便能不断得到规范发展。

(三)构建乡村旅游的特征信息库

利用乡村旅游网络信息平台,能够恰如其分地描述乡村旅游的信息特征,如乡村旅游项目的新奇性、乡村旅游环境的原始性等。而在收集了乡村旅游的信息特征后,便可以进一步构建乡村旅游的特征信息库,并结合数字化技术实现乡村旅游景点的网络宣传、传播,挖掘乡村旅游产品网络营销的市场潜力。具体来说,乡村旅游的特征信息库必须能够提供以下几方面的信息。

1. 乡村旅游区域的生态环境特征信息

旅游者打算要游览的区域是否具有独特的生态气息、浓郁的生态环境,这对旅游者来说是极其重要的旅游愿望之一。因此,乡村旅游网络信息平台需要提取与之相关的信息,如乡村旅游区域自然风光覆盖范围、人居环境适宜程度、空气污染指数、生态环境指标、相对原始状态指标的对比信息等。将景区的这些能表征乡村旅游区域生态环境的信息通过信息技术的处理,利用网络信息平台充分地展现在旅游者眼前,吸引更多的旅游者。

2. 乡村旅游区域原生文化环境的特征信息

了解、观察、体验有别于他们本土文化模式的异文化(如本土文化、民族文化等),是旅游者选择去某地旅游的共同心理特征。因此,在乡村旅游的特征信息库中,必须要包括乡村旅游区域内人群所具有的历史文化特征和现实文化特征的相关信息,如人居生活方式、习俗信息、文化模式的原始状态以及保留程度等。而旅游者通过获取这些信息,可以先做好去旅游目的地出游的相关计划、思想和物质方面的充分准备,继而在游览过程中获得更多的旅游体验和心理满足。

3. 能够让旅游者自主参与的旅游项目信息

旅游者在参与乡村旅游的过程中,往往希望能够自主去参与、体验,因此在构建乡村旅游的特征信息库时,应该包括能够让旅游者自主参与的旅游项目信息。比如,在允许的范围内,给旅游者提供关于旅游项目或旅游线路自由增减、自由组合、自助旅游等方面的信息;提供有偿交通工具或自备交通设备、自备架拆帐篷、参与餐食准备、组织娱乐活动等自选活动;提供贴近自然、富有挑战性的旅游方式,如徒步、登山、潜水、漂流、攀岩、探洞、滑雪、热气球旅行、骑自行车、自驾车船、乘伞滑翔等;提供参与排除事先安排的"险情"或偶尔出现的"危险"等活动;提供安全设施以及导游人员,乃至保安人员等。

　　旅游者在获取了可以自主参与的旅游项目信息后,很容易产生这样一种感觉:这些自己设计的或特制的旅游项目能够充分发挥他们自身潜力、施展他们的才干等。在此推动下,旅游者便会催生强烈的旅游体验愿望,并最终实现这一愿望。

　　总的来说,乡村旅游的特征信息库所提供的以上三种信息,构成了它区别于常规旅游信息系统的特色旅游。尤其是在人们越来越注重自身价值的开发、旅游者审美层次不断提高、社会经济文化水平迅速发展的今天,乡村旅游将呈现出蓬勃发展的生命力,在旅游业中的作用和影响也将快速充分地表现出来。

三、乡村旅游网络信息平台构建的思路

　　乡村旅游网络信息平台多是基于 Web 的乡村旅游信息网络,在具体的构建过程中,必须做好以下几方面的工作。

　　(一)网站网页的设计

　　在进行乡村旅游信息网站网页的设计与制作时,应切实注意以下几个方面。

　　第一,在设计乡村旅游信息网站的网页时,必须确保其具有自身鲜明的特点。

　　第二,在设计乡村旅游信息网站的网页时,要确保栏目编排有序清晰,网页层间的规划逻辑性强,网页内容突出行业特色。

　　第三,在设计乡村旅游信息网站的网页时,要确保游览者能够准确、灵活、简捷地进入网页。

　　第四,在设计乡村旅游信息网站的网页时,要尽可能具备全面、强大的功能,以更好地符合旅游者的需求。

　　第五,在设计乡村旅游信息网站的网页时,要确保页面形象品质好,页面设计理念和制作技术到位,色彩协调且丰富。

　　第六,在设计乡村旅游信息网站的网页时,要注意不断完善信息发布功能,确保行业管理条例、法律法规内容以及最新旅游信息等都能得到及时发布。

第七，在设计乡村旅游信息网站的网页时，要注意设置会员管理功能，以便网站被更多的人员所认可与使用。

第八，在设计乡村旅游信息网站的网页时，要注意不断对网页内容进行更新，以便用户能够在网页上作较长时间的停留。

第九，在设计乡村旅游信息网站的网页时，要切实抓住用户的上网心理，制作吸引用户的页面。

第十，在设计乡村旅游信息网站的网页时，必须要提供先进的客户端网络组件和安全的网络技术保障，以便用户可以安全地浏览相关网页。

（二）Web 数据库的设计

在进行乡村旅游网络信息平台构建时，Web 数据库的设计也是一个十分重要的环节。Web 数据库是乡村旅游网络信息平台的后台支持，在具体的设计过程中要注意做好以下两方面的工作。

1. 明确数据库的框架

乡村旅游网络信息平台的数据库，通常来说需要包括以下几部分内容。

（1）旅游业务信息库。在乡村旅游的旅游业务信息库中，需要包括以下信息。

第一，旅游路线信息。

第二，旅游目的地附近的城市信息。

第三，旅游目的地的生态环境、本土文化、习俗信息。

第四，旅游项目预定及定制信息。

（2）旅游业界综合信息索引库。在乡村旅游的旅游业界综合信息索引库中，需要包括以下信息。

第一，与旅游以及乡村旅游发展相关的最新管理条例、法律法规的信息。

第二，最新旅游项目或产品的信息。

第三,最新旅游产品销售网络交易的信息。

（3）旅游者及会员信息库。在乡村旅游的旅游者及会员信息库,需要包括以下信息。

第一,用户论坛信息。

第二,会员管理信息。

第三,旅游人才信息。

第四,旅游者反馈信息。

2. 选择合理的数据库开发技术

针对乡村旅游网络信息平台需要完成的特定服务功能和媒体信息展示等技术难点,所选择的数据库开发技术应具备以下几个特点。

第一,提供完善的模糊查询功能。

第二,数据库的信息上传、下载、删除、修改等功能呈动态管理状态。

第三,大数量记录检索、查询速度提高到微秒级别。

第四,成熟的多语言翻译平台支撑,至少支持中英互译功能。

第五,媒体数据库数据格式支持流点播技术。

第六,数据库管理权限、口令、操作模块等分配明确严格。

第七,数据库系统的监控、数据交换具有安全、周密的技术保障。

第八,Web 数据库配置有防火墙,能抵御外部攻击。

第九,数据库扩充升级性能高。

(三)功能的划分

乡村旅游网络信息平台从总体上来说,需要划分为一定的功能模块,其中较为合理的有境内外旅游项目自主设计模块、多媒体旅游景点可视化展示模块、旅游规模发展模块、旅游规划决策支持模块、旅游管理条例法规和最新产品发布模块、资源远程共享模块、乡村旅游发展模式 BBS 模块、乡村旅游产品网络营销虚拟市场模块、资源远程共享模块、系统界面设计模块以及系统后台数据的管理、更新和维护模块。

　　乡村旅游网络信息平台各个模块完成的功能集成在一起,将实现乡村旅游的特色旅游服务功能,实现乡村旅游资源的可持续发展及协调利用。

第五章　经济振兴——乡村旅游发展模式与市场开拓

在乡村振兴的战略背景下,为了以产业融合发展助推乡村振兴,撬动乡村经济,乡村旅游的发展就不能停留在传统的发展模式上,而是要创新更适合乡村经济发展的旅游模式。在乡村旅游的市场开拓方面,更是要在充分了解市场情况的基础上,不断探索多元化的市场营销策略,以及乡村旅游的宣传方法与营销渠道。

第一节　乡村旅游的主要发展模式

我国乡村旅游起步较晚,在 20 世纪 90 年代初才萌发了真正意义上的乡村旅游,因此,与国外乡村旅游的发展模式相比,单一且落后。然而不可否认的是,随着近几年旅游业的迅猛发展,乡村旅游也获得了不小的进展。在发展模式上,除了城市依托型(以农户家居和农、林、牧、渔及园艺等农村资源为载体的"农家乐")之外,还出现了休闲度假型、农业观光型、民俗风情型、景区依托型、古村落依托型、现代农村展示型等发展模式。以下对这些乡村旅游的发展模式进行简要阐释。

一、休闲度假型发展模式

休闲度假型发展模式主要是指那些离城镇比较近的农村,利用自己的地缘优势和交通便利条件,以乡村生态景观、乡村文化和农民的生产生活为基础,以家庭为具体接待单位,开展旅游活动。这种发展模式的主旨是满足现代都市人为了缓解工作和生活压力,利用假日外出使其精神和身体得到放松的目的。一直以来大为流行的"农家乐"就属于这种发展模式。"农家乐"的活动场所就是广大的农村地区,经营的主体主要是农民,他们兴建一些休闲、娱乐设施,为游客提供休闲、度假、娱乐、餐饮、健身等服务。游客所游玩的活动项目也主要是根据农业、农村和农民的"三农"资源所展开的。

对于开展休闲度假型发展模式的乡村来说,为了推进乡村旅游发展,提高本村的经济发展水平,应注意做到以下几点。

第一,因地制宜。农村应当利用地处城郊结合部和城市通风口的地缘优势,立足自身的资源优势和特色,发展乡村旅游的独特景观。例如,成都市锦江区的三圣花乡就立足自身三百多年的种花历史,以花为媒,着力打造"花乡农居""幸福梅林""江家菜地""东篱菊园""荷塘月色"等项目,因地制宜,错位发展。

第二,完善基础设施,实现农业资源向旅游资源的转变。发展休闲度假型的乡村旅游,开发主体就要按照宜散则散、宜聚则聚的原则改造农房,让农房景观化。同时,要按照整体规划,以城市的道路、污水处理、天然气等生活设施标准完善乡村基础建设,还要使配套设施现代化,如实现户户通光纤。

第三,强化文化内涵,大力发展休闲经济。发展休闲度假型乡村旅游,农村就要将文化因子和产业因素注入自身的优势资源中,促进传统农业向休闲经济发展。

第四,坚持以旅助农,以旅富农。这包括构建农村保障体系、统筹城乡教育、构建农民就业体系、构建农村发展体系等。

二、农业观光型发展模式

农业观光型发展模式主要是指乡村旅游主体以优美的乡村绿色景观和田园风光及独特的农业生产过程作为旅游吸引物,吸引城市居民前往参观、体验、购物和游玩。它是将观光旅游与生态农业结合在一起的一种乡村旅游发展模式,它的形式和类型有很多。比如,打造观光农园,即在城市近郊或风景区附近开辟特色果园、茶园、菜园等,让游客入内摘果、采茶、赏花,享受田园乐趣;打造农业公园,即按照公园的经营思路,把农业生产场所、农产品消费场所和休闲旅游场所结合为一体;开展农业科技游,即以现代农业科技园区为重点,开放园区高新农业技术和品种、温室大棚内设施农业和生态农业,使游客增长现代农业知识;开展务农体验游,即通过参加农业生产活动,与农民同吃、同住、同劳动,让游客接触实际的农业生产、农耕文化和独特的乡土气息。

农业观光型是一种新型农业与旅游业相结合的生产经营形态。采用这种发展模式多以龙头企业为经营主体,以农业生态文化和农村生活文化为核心,通过规划、设计与施工,吸引游客前来观赏、品尝、购物、习作、体验、休闲、度假。它以农村田园景观、农业生产活动为旅游吸引物,开发农乡游、果乡游、花乡游、渔乡游、水乡游等不同特色的主题旅游活动,满足游客体验农业、回归自然的心理需求。

三、民俗风情型发展模式

民俗风情型发展模式是以乡村民俗、乡村民族风情以及传统民族文化为主题,将乡村旅游与文化旅游紧密结合,来开展旅游活动。民俗风情的内容,包括地方特有的风俗和风物,如岁时、节日、婚姻、生育、寿诞、民间医药、丧葬、交际、礼仪、服饰、饮食、居住、器用、交通、生产、职业、民间工艺、宗教、社会、娱乐、信仰、祭祀、禁忌等。

由于这种模式能够深度挖掘乡村旅游产品的文化内涵,充分凸显农耕文化、乡土文化和民俗文化特色,形成融文化、民间技艺、民俗、节庆活动、乡土气息于一体,兼具观赏性、娱乐性和参与性的休闲度假旅游目的地,因而非常有助于满足旅游者文化旅游需求,提升产品档次。比如,四川省古蔺县的花灯表演。古蔺花灯是自唐朝以来盛行于古蔺县境内的一种民间歌舞,距今已有近千年历史,花灯小品《醉花灯》、花灯歌曲《灯闹永乐》深受当地居民喜爱,作为每年春节和元宵节的传统节目,古蔺花灯在当地人心中占有不可或缺的精神文化食粮的地位。古蔺永乐镇依托花灯特色的民俗舞蹈,开展乡村文化旅游,花灯节开幕式后,依托永乐镇千亩柚子、千亩椪柑、万亩甜橙、酱酒园区、环境生态等资源优势,举办鲜果采摘活动、"百姓大舞台"歌手大赛、垂钓比赛、原生态花灯展演、农特产品和酒业展销活动等。

中华民族地大物博,56个民族56种风俗,富饶的国土形成灿烂的风情习俗,悠久的历史形成多彩的民间文化,这些都是乡村旅游的无价之宝。乡村旅游开发主体一定要准确定位,在政府的引导下,通过改善设施、精品战略、专业培训等,发展民俗风情型的乡村旅游。

四、景区依托型发展模式

景区依托型发展模式主要是指乡村旅游经营主体依托著名景区,将景区的游客作为目标顾客,吸引其前来参观旅游。游客在对景区的自然风光和良好的生态环境体验之余,会产生对周围村庄的田园风光和农家生活的派生需求,因此,景区依托型的发展模式是可行的。

景区边缘地带是我国开展乡村旅游最早的地方,景区附近农村居民依托旅游景区游客市场,发展特色农业、养殖业、种植业,以规模化接待为主,对土地成片开发,开展具有观光、学习、教育等功能的乡村旅游,突出乡村生产生活的民俗旅游活动。把附近旅游景区(点)的部分服务功能分离出来,吸引周边农民参与旅游接待和服务,并融入一些乡情活动,能够大大促进农民增收致富和周边乡村发展。

以风景名胜区优势为依托,利用农业资源和自然风景资源互补的组合优势开发乡村旅游产品,这种资源共享的联动开发模式取得了良好的效果。例如,位于安徽黄山脚下的汤口镇,在"黄山第五绝""天下第一丽水"的翡翠谷景点附近,建设了按联合国"最佳环境居住奖"的要求设计的翡翠新村,48 幢花园式公寓对外接待游客。这些农家别墅融徽派风格与现代设施于一体,每幢楼旁的排水沟与路边的排水渠相连,织成一张完整的排水网;天空中见不到"蜘蛛网"似的电线,电话、照明、有线电视、宽带网等各种管线全部埋设入地下。翡翠新村独特的吃住行服务功能,更是翡翠谷旅游链的延伸。

五、古村落依托型发展模式

古村落依托型发展模式是指以浓厚的古村落文化和特色古村落建筑为核心吸引物,以保护为主,因势利导开发旅游,促进乡村发展。在我国,古村落通常是指那些已经有五六百年以上历史的村寨。这样的村寨往往有着深厚的文化底蕴、淳朴的民风和古色古香的建筑遗迹等。而这些都是其发展乡村旅游的重要资源。

在古村落的旅游开发中,常常会遇到保护与开发之间的矛盾、传承与商业化之间的博弈等,这给乡村旅游发展带来了诸多限制。所以,在开发古村落前,要注意这些问题,要探索出一条既能最大限度地保持历史文化面貌,又能弘扬传统文化,充分发挥旅游经济效益的正确道路。

六、现代农村展示型发展模式

现代农村展示型发展模式是指以新农村形象为旅游吸引物来开展旅游活动。毋庸置疑,能够开展这种旅游的农村必须是经济发达、交通便利、知名度较大的农村。当前,我国各省区都有一批社会主义新农村,它们以"新"为特点,在住宅、街巷、道路和生态环境、产业设施、服务设施以及各种配套设施方面,都发生了全新的改变,成为乡村城市化、城乡一体化的典范。

黑龙江省甘南县兴十四村,是1956年由山东临沂地区移民响应党中央开发北大荒号召组建起来的移民村。全村人发扬"艰苦创业,团结奋斗,开拓创新,致富争先"的兴十四村精神,在东北偏僻荒村积极发展农副产品加工企业,实施农业产业化经营,坚定不移地走共同富裕的道路。他们创建了集农、林、牧、机、加、旅游和房地产开发于一体的国家级大型企业集团——黑龙江富华集团。在这一集团的带领下,全村实现了农业产业化、农区工业化、住宅别墅化、村风文明化、管理民主化、多数村民非农化,已经成为生产发展、生活宽裕、乡风文明、村容整洁、管理民主的社会主义现代化新农村,成为远近闻名的"龙江第一村",被称作是"东北地区实现中国农村改革第二次飞跃的成功模式"。近些年来,兴十四村立足当地资源,加大投入力度,积极发展现代生态农业游、工业游、拓荒文化游和农家文化乡土人情游等旅游项目,形成了十几个旅游景点,吸引了大量国内外游客。很显然,开发这种模式的乡村旅游,要注意处理好发展旅游与发展其他产业的关系,积极引导当地农民参与旅游接待活动。

第二节 乡村旅游市场分析

乡村旅游市场是一个特殊的服务性专业市场,具有一般市场的共同属性,也具有服务市场的某些特征和旅游行业市场的特殊属性。要想更好地开发和拓展乡村旅游市场,首先应当分析乡村旅游市场,对其有一个充分的把握。

一、乡村旅游市场环境分析

乡村旅游总是在一定的外部环境和内部环境之下开办经营的。两种环境共同作用于乡村旅游活动,对其进行一定的制约和影响。一般来说,外部环境难以改变,需要努力去适应,而内部环境可以改变,需不断去优化。

(一)外部环境

外部环境主要包括经济、政治、法律、科学技术、社会文化及自然地理等多方面的因素。对外部环境的分析,即对乡村旅游经营开办的政治、经济、社会文化、人口地理和技术五大主要环境因素进行分析。

(1)政治环境。这主要指乡村旅游开办地的旅游政策、相关法规,也包括主要客源地的政治稳定性和相关政策。它们对乡村旅游的开办经营具有重要的影响。因此乡村旅游的经营者一定要对当地的旅游政策,以及相关的法令,如环境保护法、保险法、旅行社法、旅馆法、广告法、交通运输与航空运输法以及合资经营法等给予关注。

(2)经济环境。经济环境包括我国的经济增长速度、人均GDP、物价水平、就业状况、居民收入水平等。我国经济发展程度对乡村旅游的发展具有决定性的作用。当人均 GDP 较高时,人们的出游动机较强,旅游活动频繁。随着城镇化、工业化进程加快,我国人均GDP大幅上升,居民消费类型和行为发生重大转变,乡村旅游迎来了快速发展的契机。除了关注国内生产总值(人均GDP)外,乡村旅游的开办经营者还需要注意个人可自由支配的收入,注意客源地消费水平与消费结构,以确定乡村旅游提供的服务水平、种类与价格。

(3)社会文化环境。社会文化环境包括语言、价值观、生活方式、风俗习惯与宗教信仰等。由于人们通常到语言熟悉的地方进行乡村旅游,语言对乡村旅游具有重要影响。我国是一个多民族、多语言、多文种的国家,不仅 56 个民族都有自己的语言,仅汉语就有七大方言,而随着乡村旅游的发展,外国人也会成为游客,外语也成为乡村旅游发展的关键,因此,要想做好乡村旅游、评上星级乡村旅游经营户,必须多掌握几门语言。各地的价值观、生活方式、风俗习惯有所不同,而这些因素对游客是否进行乡村旅游有明显的影响。因此在这些方面也要做好相应准备。

(4)人口地理环境。人口地理环境包括客源地的人口数、人口结构、人口密度与城市化程度、地理位置和地形等。不同年龄段的人口对乡村旅游的偏好不同;很明显,临近人口密度较大的城市对乡村旅游的发展是一个强有力的依托,而如果处于交通要道或著名景区附近也有利于乡村旅游的发展。如果在这方面没有优势,那就需要我们加倍的努力。

(5)技术环境。在当今时代,科学技术的发展对乡村旅游产生了越来越大的影响,尤其互联网对人们生活的方方面面产生了影响。比如,网络的出现影响到宣传的方式,飞机票价的降低有助于吸引远方的游客。所以,乡村旅游经营者还应注意信息技术的更新与应用。

(二)内部环境

内部环境主要是指乡村旅游企业内部的软件与硬件情况,如人力资源状况、设备设施状况、旅游资源与农事参与项目等。"工欲善其事,必先利其器",乡村旅游经营者要想做好乡村旅游,就必须在现有的条件下,整合内部环境,树立自己的品牌与特色,这样才能事半功倍,成功应付外界的竞争与挑战,收到良好的效益。

乡村旅游经营所面对的供应商、旅游中介、游客、竞争者等是市场环境中的重要成员,他们决定着乡村旅游企业的营利能力,因此,乡村旅游经营者也必须对其予以重视。

(1)旅游中介。旅游中介主要包括旅游批发商、旅行社和广告服务机构等,他们是协助旅游企业寻找游客或直接与游客交易的企业或个人。他们对乡村旅游的开办经营者和游客都有较大的影响。

(2)竞争者。有市场就有竞争,乡村旅游的竞争者也有不少,比如周围景区的竞争、周围其他乡村旅游经营者的竞争等。竞争者在产品、价格、渠道和促销方法等方面会对乡村旅游的经营产生较大的影响。因此,乡村旅游经营者要不断地与竞争对手进行比较,了解相互之间的优势与劣势,采取有效的措施进行改进和完善。

（3）供应商。供应商指为乡村旅游企业开办经营提供原材料、设备、能源、劳务、资金等的企业和个人。他们供货的质量、价格直接影响到乡村旅游企业的价格水平与服务质量。因此,规模较小的乡村旅游经营者可以采取某种形式联合,进行团购；而规模较大的乡村旅游经营者可以采取招标的方式选择有信用的企业。

（4）游客。游客的特点、游客的消费结构、游客的偏好、游客偏好的变化趋势等也在很大程度上影响着乡村旅游的开办经营。所以,应采取科学有效的方法进行市场调研,掌握关键的数据,以便提供最适宜的产品和服务。

二、乡村旅游市场细分

随着旅游业的繁荣发展和人民对精神生活的日益重视,旅游者的需求变得越来越多样化、个性化。对于单个乡村旅游企业而言,无论其规模大小,都会存在资源、设施、技术、供应能力方面的限制,不可能满足多种多样的乡村旅游需求,因此,应将较大的旅游市场区分为某一个或几个游客群体,集中力量满足他们的需求。这就涉及市场细分的问题。所谓乡村旅游市场细分,就是指按照乡村旅游者的需要和欲望、购买态度、行为等特征,将总体旅游市场划分成若干个不同的旅游者群体的过程。

（一）乡村旅游市场细分的作用

首先,乡村旅游市场细分有利于选择目标市场和制定有针对性的营销策略。在不同类型的细分市场中,旅游资源特点不同,游客需要的设施、服务也不尽相同。通过市场细分能比较容易地反映旅游消费者的需求特点,乡村旅游企业可以根据自己的特色以及服务能力,确定自己的服务对象,即目标市场。针对目标市场制定合适的营销策略,更容易获得反馈信息,从而进一步提供满足需求的产品。

其次,乡村旅游市场细分有利于提高竞争能力。任何一个乡村旅游企业都有自身的优势和劣势。充分发挥优势,有效避开劣势,才更可能成功。乡村旅游市场细分则能够让旅游企业做到根据自己供给条件的优势,选择最适合自己的目标市场,从而制定有效的经营策略,提高自身的竞争力。

最后,乡村旅游市场细分有利于发掘市场机会,开拓新市场。通过市场细分,乡村旅游企业可以对每个细分市场的购买能力、满足程度、竞争情况等进行分析对比,探索出适合于本企业的新的市场机会,及时做出广告策略的调整,进行必要的产品、服务创新,开拓新市场,如乡村"银发旅游""亲子游"等,乡村旅游企业可以进行仔细的市场调研,以更好适应市场的需要。

(二)乡村旅游市场细分的步骤

乡村旅游市场细分的步骤是先确定细分的标准或依据,以此为基础分割市场并对分割后的市场进行分析,最后确定目标市场。这里我们可以参照麦卡锡提出的细分市场步骤来进行更为细致的市场细分:第一,选定乡村旅游产品市场范围;第二,列举潜在游客的基本需求;第三,了解潜在游客的不同需求;第四,排除潜在游客的共同需求;第五,划分相应的游客群;第六,分析乡村旅游细分市场的需求与购买行为特点,并分析其原因,以便在此基础上决定是否可以对相关乡村旅游细分市场进行合并,或作进一步的市场细分。

(三)乡村旅游市场细分的标准

乡村旅游市场细分都是按照一定的标准进行的。不过,乡村旅游市场中并没有绝对的或固定的标准,所以确定细分标准要根据自身的经营领域、条件、旅游资源,特别是市场经验来进行。以下是乡村旅游市场细分中常用的几个标准。

（1）人口统计变量。这是最流行的一个标准,既直接又十分有效。它包括性别、年龄、职业、收入、家庭结构、受教育程度、国籍、民族、宗教、社会阶层等。人们的旅游行为和特点与这些因素密切相关。其中,年龄是细分旅游市场最主要的变量之一。按照人口年龄段的不同,旅游市场可细分为老年市场、中年市场、青少年市场。

（2）地理变量。它是按照旅游者的来源地不同来细分旅游市场的,主要包括地理区域、气候环境、人口密度和都市化程度等。处于不同地理位置的旅游者在收入水平、价值观念、生活方式、偏好等方面存在较大差别,因此,对同一类产品往往呈现出差别较大的需求特征。目前,乡村旅游经营者主要是按照与乡村旅游目的地的距离来进行市场细分的。从国内乡村旅游现状来看,大多数是相邻近的城市游客,经常是家庭或朋友集体出行,其中自驾车游占有相当的比例,选择的出游时间一般为周末或者节假日。所以,乡村旅游的核心市场一般在 50km 以内。

（3）心理变量。它是根据旅游者的生活方式、个体特征、兴趣爱好、价值取向等心理特征进行市场细分的。与人口统计变量不同,心理变量相当于软指标,不能直接被判别或是用数字来表示。对于旅游营销而言,抓住旅游者的心理特征来对市场进行细分是十分重要的。

有人曾作过乡村旅游游客的心理调查,认为乡村旅游有三种动机,即补偿动机、解脱动机和平衡动机。补偿动机,即城市旅游者通过乡村旅游来寻求补偿,满足自己的新鲜感、亲切感和自豪感;解脱动机,即脱离繁忙的日常事务和复杂的人际关系等引起的高度紧张环境,到乡村旅游,寻找"世外桃源",以缓解精神压力;平衡动机即旅游者要在变化与稳定、新奇与熟悉、紧张与轻松等矛盾心理中寻求一种平衡,如果说城市生活是复杂、熟悉与紧张的,那么游客来到乡村要的就是简单、新奇与轻松的体验。

（4）行为变量。它包括旅游者的购买时间、利益追求、使用频率、使用潜力、使用目的以及品牌忠诚度等。根据这些变量，可以将乡村旅游市场细分成具有特别购买习惯、偏好或目的的不同群体。比如，根据使用潜力可将乡村旅游市场划分为高潜力、中潜力和低潜力旅游者；根据品牌忠诚度可将乡村旅游市场划分为铁杆忠实者、大致忠实者、变化忠实者和品牌转化者。

（四）乡村旅游市场细分的原则

（1）可衡量原则。所划分市场的规模和购买力大小能定量地测定，也有明晰的界限，这样才能有效地针对不同细分市场制定营销组合。如老年人乡村旅游市场就需要知道老年人的标准、老年人的数量及旅游特点。

（2）可进入原则。这是指乡村旅游产品和服务能够进入该细分市场，从而占有一定的市场份额。例如，外国的乡村旅游者市场，尽管他们的消费能力较高，也有乡村旅游倾向，但现阶段中国乡村旅游企业的客观条件限制了进入该市场的能力。

（3）可盈利原则。这是指所划分的市场应具有一定的规模和消费能力。虽然乡村旅游市场细分有使整体大市场小型化的倾向，但依然应当保持一定的规模经济效益。

（4）差异性原则。这是指各细分市场的乡村旅游者对同一种宣传方式，应有不同的反应，否则，就没有必要进行细分了。

（5）稳定性原则。市场细分是一项复杂又细致的工作，因此，变化不能太快，要有相对的稳定性，否则会造成营销宣传活动前后脱节和被动的局面。

需要注意的是，市场细分对乡村旅游企业的营销活动具有重要促进作用，但存在一定的缺点，如成本较高，市场细分标准难以确定，细分市场的大小也难以确定，分得太细，市场太小，分得较粗，又难以采取有针对性的措施。所以，一定要针对问题，尽可能地缩小问题所带来的影响。

三、乡村旅游客源市场分析

（一）旅游者需求分析

乡村旅游营销是基于乡村旅游市场的游客需求而进行的，因此，在乡村旅游目标市场分析中，一定要把握旅游者的需求。归纳而言，乡村旅游者的需求主要有以下几种。

1. 回归自然，体验乡土文化的需求

生活在拥挤而喧嚣的城市环境中的人们往往希望通过乡村旅游暂时远离这样的环境，参观农村人文景观，参与各种农事活动，获得身心的放松和愉悦，体验浓厚的乡土文化特色，从而满足自身回归自然的需求。

2. 求新求知的需求

人们（尤其是城市青少年）在参与乡村旅游的过程中可以学到很多书本上没有的知识，也可以加深对原有知识的理解与认识。他们亲身参与其中，在与大自然的接触中，认识大自然的奥秘与伟大，感受大自然的无情与残酷，激发思考人与自然和谐相处、共存共荣之道。当然，除了对自然界知识的学习外，人们在乡村旅游过程中还能学到很多社会、历史等人文知识，感知农民的智慧与创造精神等。

3. 康体养生需求

随着我国老龄化时代的到来，越来越多的都市老人开始注重康体养生。这就为乡村旅游的发展开拓了新的空间。相对来说，乡村的空气清新，食品绿色安全，生态环境良好，这都有利于人的身心健康。旅游者在乡村旅游，能够享受城市环境所不能带来的精神上的感受及物质上的需要。

4.旧地重游需求

很多城市的工人、职员等都是来自农村,其前辈多与农村息息相关,亲缘与血缘是友好往来的本源。此外,由于我国特殊的历史,很多人曾有过"上山下乡"活动,他们与农村、农民发生了直接、间接的关系。因此,故地重游也就成了他们在乡村旅游中的一个重要需求。通过乡村旅游,他们重新感受自己走过的足迹,进而缅怀当年往事。

5.亲身参与的需求

有的旅游者并不满足于被动地参观、体验上,还希望主动参与。因此,乡村旅游经营者可以抓住旅游者的这一需求,开发出能让旅游者主动参与的旅游产品。质朴的田园生活对久居都市的居民有着相当的吸引力,旅游者一般都喜欢在乡村旅游地参加一些力所能及的简单农活。加入其中深刻体验乡村生活无疑对城市居民来说是一种很好的精神享受。

(二)乡村旅游客源市场的定位

面对有不同旅游需求和欲望的游客,任何乡村旅游产品都难以做到满足市场上全部游客的需求。所以,乡村旅游经营者只能根据自身的优势与资源,选择适合自己经营的客源市场,满足一部分游客的相关需求。

1.乡村旅游目标市场选择

在乡村旅游客源市场的分析中,目标市场的选择是首要的。所谓目标市场就是乡村旅游企业在市场细分的基础上,所选择的要服务的旅游者群体。在将旅游市场细分后,我们要选择具有一定规模和增长速度,且适合自己条件的细分市场作为目标市场。当然,可能目前某些乡村旅游企业的条件还不够完善,但确定目标市场会使其明确努力的方向。

乡村旅游经营者选择目标市场时,应遵循以下几个原则:第一,乡村旅游目标市场必须与旅游企业的经营目标和企业形象相符合。第二,乡村旅游目标市场必须与旅游企业所拥有的资源相匹配。旅游企业拥有的自然条件成为选择目标市场的重要依据。第三,乡村旅游目标市场的选择应该能使旅游企业充分地发挥自身的优势,充分利用自身资源,扬长避短,突出自己的特色,方能使营销获得成功。

进入目标市场可以采取产品专业化、市场专业化或产品市场集中化的方式进行。产品专业化意味着要通过提供有特色的、别人难以模仿的乡村旅游产品来获得市场;市场专业化指专注于某一特定的乡村旅游市场,为该市场的游客提供各种产品与服务;产品与市场集中化则是指不仅要专注于某一特定乡村旅游细分市场,而且只为该市场提供特色产品或服务。至于选择哪种方式,则取决于客观条件与经营目标。

2. 乡村旅游客源市场的定位步骤

在目标市场确定后,乡村旅游经营者就要进行目标市场定位,即根据目标市场上的竞争者和企业自身的状况,从各方面为本企业的旅游产品和服务创造一定的条件,进而塑造一定的市场形象,以求在目标旅游者中形成一种特殊的偏好。定位有利于旅游经营者有针对性地开展营销活动,有利于造就和强化在旅游者心目中的持久形象,有利于拓展目标市场。

一般来说,目标市场定位首先要从乡村旅游企业的服务设施、服务环境、服务项目及人员、地理位置等方面找出与其他竞争者不同之处;其次要从这些不同之处中选择那些具有重要性、专有性、优越性及营利性的方面进行包装宣传;最后要向目标顾客传递我们的定位形象,并最终形成竞争优势。

3. 乡村旅游客源市场的定位方法

(1)产品使用者定位法。这是指乡村旅游企业主要针对某些特定的顾客群体进行产品与服务的促销,以期在这些顾客心目中建立起产品的专属性特点,激发他们的消费欲望。

（2）特色定位法。这是指在农事参与项目、民俗文化活动、地域历史文化等方面建立浓郁的乡土特色，以吸引目标游客。

（3）质量与价格定位法。这是指把自己定位为提供性价比最优的产品或服务。

（4）利益定位法。这是指根据目标游客所看重的某种或某些利益进行定位。比如，我们这里的空气特别清新，水质特别好，能治愈皮肤病等。

（5）竞争者定位法。这是根据与市场竞争有关的属性或利益进行定位，即把自己定位为在某一方面比竞争者更好，或我们比周围的竞争者要好。

当然，市场定位有多种方法，要根据自身条件、竞争者和目标游客的情况慎重选择，一旦定位，就应全力以赴，战胜竞争对手，获取经济利益。

第三节　乡村旅游的产品策略

乡村旅游产品是指乡村旅游经营组织提供给市场，用于满足旅游者某种欲望和需求的旅游吸引物和服务的组合。它是乡村旅游营销的载体，为了更好地发展乡村旅游，提高乡村旅游产品的竞争力，乡村旅游经营组织就必须不断加快乡村旅游产品的开发速度，努力适应目标市场的个性化、多元化的需求，同时完善乡村旅游产品的配套服务设施建设，提升旅游服务质量，提高市场的美誉度和认可度。这就需要采取一些有效的产品策略。

一、乡村旅游产品的生命周期策略

产品生命周期是产品的市场寿命，即一种新产品从开始进入市场到被市场淘汰的整个过程。弗农认为，产品生命是指市场上的营销生命，产品和人的生命一样，要经历形成、成长、成熟、衰退这样的周期。产品生命周期理论对于乡村旅游企业分析产品市场中的地位和发展趋势,及时开发新产品,改良过时产品,有针对性地制定正确的产品策略有重大意义。乡村旅游产品的生命周期策略,主要是指将乡村旅游产品在市场上维持的时间分为推出期、成长期、成熟期和衰退期四个阶段,不同的时期采取不同的营销措施。

(一)推出期

在推出期,乡村旅游产品才刚刚被旅游者获知,他们对产品还不是很了解,所以他们的购买很多是试探性的,很少重复购买,这就致使乡村旅游企业的销售量增长缓慢,利润极小,甚至亏损。当乡村旅游产品处在推出期时,乡村旅游企业最好以一种低姿态的方式,采用缓慢渗透策略进入市场,目标可确定为使旅游者认识乡村旅游新产品。

为了使旅游者认识乡村旅游产品,旅游企业要做大量的广告和促销工作。一般来说,制作富有吸引力的宣传广告,利用多种媒体平台(如电视、报纸、微信、微博等)进行宣传、促销,是最常用的方式。当乡村旅游产品的知名度随着宣传被提升之后,旅游企业便可逐步调整营销布局,进入下一营销阶段。

(二)成长期

在成长期,乡村旅游产品的生产设计已基本定型,主题明确,基础设施已趋完善,服务人员劳动熟练程度提高,服务趋于标准化和规范化,服务质量得以大幅度提高,加之前期旅游宣传促销效果的出现,乡村旅游产品在市场上的知名度大大提升,愿意购买的消费者增多,重复购买者的人数也不断上涨。

此时,乡村旅游企业一方面要巩固已有的销售成果;另一方面要进一步扩大市场的占有率,尽快提高销售量。所以,其在继续加强广告宣传的同时,更要紧抓旅游者的兴趣与偏好,将侧重点放在宣传乡村旅游产品的品牌和特色上。不仅如此,乡村旅游企业还要强化旅游公共关系的作用,不断改进乡村旅游产品,增加乡村旅游产品品种,进一步完善基础设施的配套建设,提高乡村的可进入性,开拓乡村旅游新市场。

（三）成熟期

在成熟期,乡村旅游产品大部分都已进入市场,开始面对激烈的乡村旅游市场竞争。由于一些新乡村旅游项目对原有旅游产品具有替代性,因而在这一阶段旅游产品差异化成了市场竞争的核心。

当乡村旅游产品处于成熟期时,乡村旅游企业的广告宣传应更加注重突出本产品区别于竞争产品的优点。在促销上,乡村旅游企业要增加投入,给旅游者以优惠,配合使用人员推销和营销公关,以稳定乡村旅游产品的销售。与此同时,乡村旅游企业还不能忽视提升产品质量,提升旅游技能,增加服务项目,开发新的产品和新的市场。

（四）衰退期

当乡村旅游产品该更新换代时,就进入了衰退期。此时,新的乡村旅游业态已进入市场并逐步地替代老业态,除少数名牌乡村旅游产品外大多数旅游业态销售量逐渐减少。如果此时乡村旅游企业不迅速采取有效措施使乡村旅游产品进入再成长期,以延长旅游产品的生命周期,则旅游产品将随着市场的激烈竞争以及销售额和利润额的持续下降而面临转型、转产或倒闭。

为了延长乡村旅游产品的生命周期,乡村旅游企业应以旅游营业推广为主,保持提示性的旅游广告,吸引偏爱的旅游者继续购买旅游产品,以便回收更多的资金。此外,采取一定的降价策略,将原投入的资源集中于一些最有利的细分市场和营销渠道中,缩短经营战线,更新市场形象,刺激消费。与此同时,乡村旅游企业也要着手新产品的投放,以便顺利完成乡村旅游产品的更新换代。

二、乡村旅游产品组合策略

乡村旅游产品组合策略就是指乡村旅游企业根据市场需求和自身的营销目标,对产品组合的深度、广度和关联性进行最佳组合决策。乡村旅游是一个系统工程,它的产品组合必须系统合理。乡村旅游必须集种植(养殖)、旅游、观光、休闲度假为一体,既要有自然的旅游资源,又要有文化特性。这就需要把握乡村旅游文化的特性,将生态旅游、文化旅游这两方面的内容和乡村旅游紧密结合起来,相互补充、相互融合,走"乡村—生态—文化"的路子。这样才更可能满足游客深层次的需求。

针对乡村旅游市场的变化,可调整现有产品结构,采取以下一些优化产品组合策略。

(一)产品线延伸策略

产品线是产品组合的基础,产品组合的广度、深度、关联性都决定了产品线的状况。产品线延伸主要是针对产品的档次而言的,在原有档次的基础上向上、向下或双向延伸,都是产品线的延伸。

(1)产品线向上延伸策略。这主要是指乡村旅游企业原来的产品属于中、低档或低档产品,为了优化产品组合,新推出高档或中档的同类产品。这种策略能够帮助乡村旅游企业获得更丰厚的利润,可丰富产品线,满足不同层次消费者的需要,可提高企业的形象。需要注意的是,采取这种策略的乡村旅游企业应当原本就有较高的声誉,具有向上延伸的足够能力,能应付竞争对手的反击。

(2)产品线向下策略。乡村旅游企业在原来生产高档或中档产品的基础上,再生产中档或低档的同类产品,就是产品线向下策略。采用这一策略,乡村旅游企业往往能弥补高档产品减销的空缺,也能防止竞争对手乘虚而入。当然,它可能会给人以"走下坡路"的不良印象,也可能刺激竞争对手进行反击,形成不良的内部竞争局面。

（3）产品线双向延伸策略。这是指原来生产低档产品的乡村旅游企业同时扩大生产高档和低档的同类产品。

（二）产品线削减策略

产品线削减策略,就是指乡村旅游企业通过缩减产品组合的宽度(产品类别)、深度(产品项目数量)等,实行相对集中经营。具体来说,消减产品组合的方式主要有以下几个方面:取消一些需求疲软或者乡村旅游企业经营能力不足的产品线或产品项目;取消一些关联性小的产品线,同时增加一些关联性大的产品线;取消一些产品线,增加保留下来的产品线的深度;把某些工艺简单、质量要求低的产品下放经营。

（三）产品线现代化策略

随着社会越来越现代化,乡村旅游产品也可以走现代化之路。比如,现在互联网越来越普及,那么乡村旅游企业就应注意将高效快速的移动互联网技术等现代科技融入乡村旅游产品中;要注意用现代的理念传承和保护乡村的乡土风情,根据当地特有的景观风貌、民俗风情、人文特点等,将乡村文化的保护与资源的可持续利用统一起来。

由于市场需求和竞争形势处在不断的变化之中,因而产品组合中的每个项目,必然会在变化的市场环境下发生分化,一部分产品可能获得较快的成长,一部分产品可能继续取得较高的利润,还有一部分产品可能趋于衰落。如果不重视新产品的开发和衰退产品的剔除,则必将逐渐出现不健全的、不平衡的产品组合。因此,乡村旅游企业要经常分析产品组合中各个产品项目或产品线的销售成长率、利润率和市场占有率,判断各产品项目或产品线销售成长上的潜力或发展趋势,以确定资金的运用方向,做出产品组合的合理调整策略。

三、乡村旅游产品的品牌策略

品牌是产品个性化的表现,是产品特性的浓缩。通过产品的品牌,消费者也能够看出经营者的信誉、知名度、服务水平的优劣等。乡村旅游产品品牌,就是指乡村旅游营销主题向旅游者所展示的,用来帮助旅游者识别乡村旅游产品的某一名词、术语、符号、设计或它们的组合。对于乡村旅游企业而言,打造乡村旅游产品的品牌,是一种很好的营销手段。它能够给乡村旅游企业带来更高的经济利润,能够推动乡村旅游企业的发展。在我国,浙江湖州乡村生态旅游、河南安阳林州太行大峡谷、洛阳市栾川重渡沟、贵州西江千户苗寨、云南大理双廊乡村客栈休闲游等都是一些形成品牌的产品。

(一)乡村旅游产品的品牌定位

乡村旅游产品要想在众多的竞争者中取胜,一定要先进行品牌定位。乡村旅游品牌定位是根据乡村旅游的竞争状况和产品优势,确定其在旅游业中的竞争优势,根据乡村旅游者的需要和动机进行品牌定位,并通过其品牌形象设计,使消费者能选择其旅游产品。

品牌定位是一个复杂的系统工程,从品牌差异性、乡村旅游产品的购买价值、传播媒体、经营管理以及技术和服务创新方面给予定位,目的是追求卓越、完善的服务。例如,乌镇的强势营销措施不但在短期内迅速提高了乌镇的知名度,更为成功的是,整个媒体中不断强化了水乡古镇的"虚拟形象",即"水乡古镇就是乌镇"这样一个品牌形象。

（二）塑造品牌——提升乡村旅游产品的竞争力

乡村旅游只有做好品牌打造，才能更好地把乡村旅游与更大的市场链接，才能使乡村旅游的运营持续提质。当然，乡村旅游产品的品牌塑造并不是一件容易的事情，需要通过多个方面的努力来实现。

1. 以特色旅游吸引物凸显差异化

乡村旅游目的地的品牌往往就是乡村旅游目的地最具特色或优势的旅游吸引物的一个集中体现。乡村旅游吸引物的打造必须对游客产生足够的吸引力和感召力，并能够为游客带去他们所需的满足感，只有呈现出独特性，并且让游客感知这种独特性，才能保证乡村旅游在品牌塑造过程中获得成功。

乡村旅游与其他形态旅游的根本区别在于乡村旅游所特有的内涵——农业文化。因此，在塑造乡村旅游特色吸引物时，需要在充分利用村镇生态环境、特色动植物、农业生产等资源要素的基础上，植入具有本地鲜明地域特色的文化，如本地文化遗产、风俗仪式、节庆活动、传统手工艺、特色饮食等。通过多形式、全方位真实地展示当地的特色文化，才能创造出具有持续吸引力和竞争优势的旅游吸引物，乡村旅游的品牌的价值才能持续发展、不断创新。

2. 提供优质设施与特色服务

乡村旅游服务设施是开展乡村旅游活动的基础，也是游客顺利进行旅游活动的物质保障。在乡村旅游自身品牌的塑造过程中，不得不重视优质服务设施的提供。优质服务设施并不是对豪华或奢侈的追求，而是对各村镇民族或民俗特点的凸显。基于现代游客的需求，在构建具有地方传统特色服务设施时，应尽量满足游客的生活习惯，保证游客体验的舒适度。

除硬件设施外，乡村旅游地提供的软性服务也是保证旅游目的地品牌塑造成功的必要条件之一。游客往往是在与服务人员进行互动交流的过程中才形成了对目的地的认识和看法,一支拥有专业水准和敬业精神的高素质的乡村旅游服务队伍会给游客留下良好的印象,因此,应结合当地的特点与游客的需求,提升服务人员的专业技能和服务水平,让游客深切体会到真诚、敬业和贴心的旅游服务。

3. 充分发挥政府的科学政策引导和扶持作用

塑造乡村旅游的品牌不仅是经营者与当地居民的责任,更需要地方政府立足全局,积极引导并大力扶持。政府应该能认识并确立本地乡村旅游品牌的本质与内涵,制定科学的宣传推广策略,引导区域内的所有相关主体统一思想和认识,积极参与到本地乡镇旅游品牌的塑造中。政府还应积极发挥导向作用,鼓励和吸引社会主体广泛参与,立足于旅游目的地品牌的定位,对本地乡村旅游的形象进行全方位的展示和推广,提升当地的知名度和影响力。

4. 规范乡村旅游经营者和本地居民的行为

在乡村旅游业发展的进程中,农户、协会、园区、企业等各类经营者为旅游活动创造条件,并负责提供游客所需商品和旅游服务,是游客感知旅游价值的最直接的接触者。经营者的行为直接影响了游客对乡村旅游产品和服务的体验与感知效果,直接影响着游客的情感、利益。各经营者应积极创新旅游服务、提升服务水平和接待能力,给游客留下美好印象。

总之,乡村旅游企业塑造产品品牌时,要注意让本地居民对品牌的内涵与价值有清晰的了解,并加以准确表达,使本地居民在与游客的沟通交流中更好地展示、传递本地乡村旅游的特色与收益。

(三)乡村旅游产品品牌的推广

为了使品牌能够产生其应有的效果,有步骤、有计划地进行品牌推广,还需要制订品牌推广方案,方案中要对品牌推广的范围、时间、方法予以明确规定。推广方案制订好后,就应以目标市场为导向,做好品牌的传播与宣传。

品牌传播主要有广告传播和公关传播两种途径。广告对传播品牌、扩大品牌影响、提高品牌的市场占有能力有非常重要的,甚至是无可替代的作用,所以才有许多旅游企业投入巨资进行品牌宣传。过去我国的乡村旅游企业的广告使用的媒体主要集中在专业性杂志和路牌广告上。近年来,不少企业已经开始利用电视、广播、互联网等来进行宣传。公关传播的主要方法有宣传性公关、赞助性公关和服务性公关。

第四节 乡村旅游的价格策略

在旅游市场中,价格是非常敏感的因素,它的合理程度往往决定着旅游者的购买意愿。所以,在乡村旅游市场的拓展中,乡村旅游产品的价格也是乡村旅游企业非常重视的一个内容。乡村旅游产品价格,就是乡村旅游者为满足自身旅游活动的物质和精神需要而购买的乡村旅游产品的价值形式。从消费者和经营者角度出发,乡村旅游产品的价格可以分为不同的类型,如基本旅游价格和非基本旅游价格,一般旅游价格和特种旅游价格,现实旅游价格、预期旅游价格和心理旅游价格,全包旅游价格、零包旅游价格和单项旅游价格。在乡村旅游市场中,价格到底定为多少,该如何定价,往往是需要慎重思考的问题。定价往往与产品市场有很大关系。不同的市场特征,往往有不同的定价策略。对于乡村旅游市场来说,以下几个方面的定价策略是被众多乡村旅游企业所采用的。

一、新产品价格策略

前面已经提到,乡村旅游产品都有自己的市场寿命周期。乡村旅游企业应该根据旅游产品寿命周期各阶段的不同特点和变化趋势,从市场的需要出发,有针对性地对价格进行调整。为了获得更好的营销效果,对于新产品的价格来说,可采用以下几种策略。

（一）撇脂定价策略

这种策略属于高价格策略,即对上市初期的乡村旅游新产品,定很高的价格,随着时间的推移而逐渐降低售价。由于这种策略就像从牛奶上层中撇取奶油(脂),因而将这种价格策略称为撇脂定价策略。乡村旅游企业采用这种策略主要是想在短时间内收回产品的研发成本并获取高额利润。

采取这一种策略必须具备下列条件:第一,游客并不太了解旅游产品的特征和性能;第二,游客对该旅游产品具有某种偏向性,价格弹性较小;第三,旅游市场容量相对有限,或者现实的游客较少。

高价代表旅游产品优质,有利于提高旅游产品身价,满足旅游者追求高端大气上档次的消费心理。当然这种销售策略也有不足,那就是价格过高不利于旅游产品对市场的开拓,也可能给旅游者带来企业"太黑"的印象,而损害到乡村旅游企业的形象。

这种定价策略作为一种短期的价格策略,适用于具有独特的技术、不易仿制、资源垄断性强、被替代性小、不容易迅速扩大等特点的乡村旅游新产品。此外,当市场需求较高时,也适合采用这种定价策略。在这种策略下,价格高时获利多,有利于增强企业实力,也有利于企业在此后开展价格竞争并掌握主动权。

（二）渗透价格策略

与撇脂定价策略相反,这种价格策略是利用旅游新产品投入市场时,消费者求实惠的心理,将新产品以较低的价格推出来以吸引消费者,以期很快打开市场,扩大销量,待销路打开后,再逐步提高价格。这种策略就像将水倒入泥土当中,水很快就会从缝隙里渗透进去,因而这种策略被称为渗透价格策略。

这种策略能够满足游客追求低价的心理预期,但旅游企业收入并不因此而大大减少。其中的奥秘在于客人的二次消费,旅游企业通过降低某个主要消费项目价格的方式(如门票),刺激客人前来消费,却通过客人购买其他产品和服务的方式来弥补降价损失(比如在降低门票的同时要求客人必须参加自费的晚会节目)。当然,企业也可以采取淡季降价方式争取客源,表面看价格确实下降许多,但其实与降价带来的高客流量对比,企业的实际收入反而是增长了。当然,运用这种价格策略,也可能会导致投资回收期较长,如果产品不能迅速打开市场或遇到强有力的竞争对手,可能会遭受重大损失。因此,这种价格策略的运用要具备相应的条件:第一,市场对低价高度敏感;第二,随着销量增加和经验的积累,企业能降低单位成本;第三,企业能阻止竞争者进入市场。

作为乡村旅游企业的一种重要价格策略,渗透价格策略往往适用于能尽快大批量生产、特点不太突出、易仿制、技术简单的新产品,如乡村的观光旅游类产品、民宿、农家乐产品等。需要注意的是,游客很有可能会因消费环境恶化或服务质量下降而不满。例如,某一乡村自助火锅店新推出 30 元每位的价格,一时间吸引了大量的周末游客,但因就餐游客太多,餐厅场地容纳不下,一部分游客不得不排队等候,不愿等候的游客纷纷离去,就餐的游客也因就餐场所过于拥挤喧嚣而烦恼,结果火锅店红红火火一段时间后,就沉寂了下来。

（三）满意价格策略

满意价格策略就是指将新产品的价格定得不高也不低。这是一种折中价格策略,它汲取上述两种定价策略的长处。定价时,往往是先搞期望价格调查和预测,然后根据消费者对新产品所期望的支付价格来确定价格。

　　这种定价策略既能保证旅游企业获取一定的初期利润,又考虑了消费者的购买能力和购买心理,能够增强旅游消费者的购买信心,使消费者比较满意这种价格标准。因此,这种策略被称为满意价格策略。这种定价策略适用性较强,适合于各种旅游产品以及延伸产品营销时采用。当然,找到一个双方都满意的价格点并不是一件容易的事情,所以,乡村旅游企业必须对旅游产品成本、旅游市场需求及本企业和同行的产品进行周密的分析和研究。

二、心理定价策略

　　乡村旅游消费者尤其是对价格较为敏感的消费者,对乡村旅游产品或服务的认可、购买,往往是通过价格因素来判断的,因此,在定价中利用旅游消费者对价格的心理反应,刺激消费者购买乡村旅游产品或服务,也是重要的价格策略之一。这种价格策略具体又包括以下几种。

(一)整数定价策略

　　这是指乡村旅游企业在定价时,采用合零凑数的方法,制定整数价格。由于在现代乡村旅游活动中,乡村旅游产品或服务十分丰富,消费者往往靠价格高低来辨别产品的质量,对于一些旅游产品,实际很多消费者都不太内行,采用整数价格反而会提高产品的身价,使消费者产生"一分钱一分货"的感觉,从而促进旅游产品的销售。乡村旅游活动中的一些民间历史工艺品、字画以及高档山庄、度假村的客房价格等就往往采用这种定价策略。例如,租金500元一天的豪华套房不宜将标准改为495元。此外,对于一些乡村旅游小商品或散装商品可以定为1元、2元这样的整数,而没有必要定为0.8元或1.8元,避免找零钱麻烦。

(二)尾数定价策略

　　与整数定价策略相反,这种定价策略是给乡村旅游产品定一个带有零头数结尾的非整数价格。由于旅游消费者一般认为整数定价是概括性定价,是有水分的,是不准确的,而非整数定价则会使消费者认为是经过精确计算的最低价格,其价格是对消费者认真负责的、是合理的,因此,即便是产品定价稍高了些也觉得不太贵。

世界各地的消费者有不同的风俗和消费习惯,所以不同的数字在不同国家和地区代表着不同的含义。在中国,消费者心目中认为6、8或9是表示吉祥的数字。"6"代表"顺";"8"其谐音是"发",有"兴旺发达"之意;"9"在人们心目中是"好事长久"。因此,中国的乡村旅游经营者可以较多地利用尾数6、8或9来定价。

尾数定价策略可以使消费者产生价格偏低的心理感觉,如认为98元、99元是几十元,而101元则是一百多元。另外,尾数定价容易使消费者产生价格下降的心理错觉。因为当一种商品价格靠近整数以下时,会使消费者产生价格下降的印象,而当商品价格在整数以上时,会给消费者造成商品可能提价的印象,抑制他们的购买欲望。

(三)分级(分档)定价策略

分级(分档)定价策略就是把某一类旅游商品按不同品牌、不同规格、不同型号划分成若干档次,对每一档次的商品制定一个价格,这样标价就可使消费者觉得不同价格反映了产品质量上的不同品质,不但可便于消费者的挑选,也简化了商品交易的手续,同时还能满足不同消费者的消费水平和消费习惯。

在乡村旅游企业中,旅行社经常采用这种定价策略,对同样的旅行线路产品就分为豪华、普通和特价三种价格,分别以不同的价格吸引不同的旅游者;客栈也常常采用这种定价策略来确定房价结构,对客房分级定价,制定不同的价格。需要注意的是,采用这种定价策略,一定要使不同等级的产品在质量、性能、额外利益等方面有着明显的区别,否则容易导致消费者的失望心理或是不信任心理。

（四）声望定价策略

这种定价策略是指对在消费者心目中有信誉的产品制定较高的价格，以满足某些消费者追逐有名气旅游产品、崇尚名牌、声望等的心理。一般来说，乡村旅游企业采用这种定价策略所制定的价格，往往为本行业中同类产品中的较高价格甚至为市场中的最高价。

运用这种价格策略一定要慎重，如果是一般性旅游企业及一般产品或服务，就不能定太高价，否则会造成消费者的厌恶，给商品销售造成损失。

三、差别定价策略

同一乡村旅游产品，按游客的差别或时间、地点差别可以细分市场。在每一细分市场上可以确定不同的价格，使得每一市场达到最大收益，避免同一定价对某一细分市场收益的负面影响。以下两类就是典型的差别定价策略。

（一）时间差别定价

乡村旅游产品大多具有季节性，因而大多数乡村旅游产品在一年中存在明显的淡旺季并且淡旺季价格不同。一方面，在淡季，乡村旅游经营者可以用低价来吸引旅游者；在旺季，高价对应高需求，获得最大收益。另一方面，旺季高价，可以调节游客的时间分布，使得游客在一年内相对均匀地分布，可以在淡季收回经营成本，在旺季减小游客对乡村旅游地生态环境的压力。

（二）地点差别定价

不同等级的乡村旅游地对游客的吸引力和辐射范围不同，反映在乡村旅游景点上，有热点景区、温点景区、冷点景区之分。不同线路、不同需求，同样可以实行差别定价。例如，需求量大的热点景区价格可以高一些,而温点景区需求较低,价格可以相对低一些。

第五节　乡村旅游的宣传方法与渠道探索

一、乡村旅游的有效宣传方法

(一)利用媒体进行宣传

杂志、报纸、广播、电视、互联网等不同的媒体在受众面、宣传特点、影响力和费用等方面有所不同。乡村旅游企业要根据自身产品特点、目标游客特点和市场竞争状况等条件慎重选择,以便能够用较少的花费获得良好的宣传效果。

1.利用杂志进行宣传

杂志又称期刊,是一种定期出版物,按日期可分为周刊、月刊、季刊、半年刊、年刊等;按内容可分为专业性杂志和综合性杂志;按读者对象可分为老年、青年、妇女、儿童等杂志。杂志可以多方面、多角度宣传乡村旅游产品,内容丰富,广告保有期限长,延续效果较好。另外,相对来说,杂志的读者群体的特点也较为一致,这对于乡村旅游企业来说非常有利于进行有针对性的宣传。当然,杂志的发行周期长,新闻性弱,时效性差;对读者的文化水平要求高,价格也相对较高,所以受众不是很多、很广。

一般来说,有孩子的家庭和中老年人较为喜欢乡村旅游,因此,乡村旅游企业可在客源地选择面向家庭、已婚妇女、中老年人的杂志进行宣传。宣传材料内容应丰富,应有一定的深度并最好配有图片。

2.利用报纸进行宣传

报纸按其内容可分为面向整个社会,以所有读者为发行对象的综合性报纸和面向某一行业、某一系统或某一阶层的,有特定读者范围的专业性报纸;按发行范围可分为全国性报纸和地方性报纸;按出版发行时间(周期)可分为日报、晨报、晚报、周报。报纸的本地市场覆盖面大,人们广为接受,可信度较高,也便于选择和保存,较为经济。不过,报纸的大部分内容是文字和图形符号,没有动感和变化,缺乏生动性和及时性。

乡村旅游企业利用报纸进行宣传时,要选择有较多潜在顾客喜欢阅读的报纸,或者在客源地发行量较大的报纸。一般来说,晨报、晚报一类的报纸较为适合,受众面广,也较为经济实惠,最好不要选择专业性、综合性的报纸。

3.利用广播进行宣传

广播的传播速度快、覆盖面广;声音的呈现显得比较生动,有现场感;成本不高,而普及率较高。当然,使用广播宣传,时间较短,稍纵即逝,不便保存;不利于选择,检索性差。

随着电视和网络的普及,广播的重要性有所降低,受众面变得较为狭窄,所以,乡村旅游企业利用广播宣传时,应当注意瞄准潜在游客市场。一般来说,司机、乡村居民或其他特点明显的人群使用广播的频率较高。

4.利用电视进行宣传

在生活中,我们不难发现,观看电视是人们度过闲暇时间的一种常见娱乐方式。它真实感强,结合了图、文、声、色四种因素;娱乐性强,可以同步传送,使人有身临其境的参与感。此外,电视信息传播快速且真切,并有直观的艺术性。当然,与互联网相比,电视宣传的时间短,内容稍纵即逝、无法保存;广告制作耗时,费用昂贵;可选择的电视台较多,被顾客观看的概率较低。

5.利用互联网进行宣传

随着科学技术的发展,互联网的重要性和普及率在不断提高,因此,利用互联网进行宣传是十分必要的。互联网不仅具有报纸、广播、电视等传播媒体的一般特性,而且具有数字化、多媒体、适时性和交互式传递的独特优势。利用互联网进行广告宣传,可以有针对性地传递不同的广告信息;可以获得潜在游客的反馈;可以利用虚拟现实界面设计给人身临其境的感觉;可以把广告信息 24 小时不间断地传播到世界各地;可精确统计出广告被多少个用户看过,以及这些用户查阅的时间分布和地域分布。此外,互联网广告易修改,成本较低。

利用互联网进行宣传的方法有很多。我们可以选择搜狐、网易等较大的门户网站进行宣传,也可以选择较为专业的旅游网站如携程旅行网、艺龙旅行网等进行宣传,也可选择搜索引擎如百度等进行合作。一般而言,城市居民进行乡村旅游前,常会到网上搜索相关信息,互联网宣传的效果还是比较明显的。除选择商业网宣传外,有条件的可建设自己的网站进行宣传,不具备条件的也可以采用博客,建立或参与论坛,或利用 QQ、MSN 等通信软件与感兴趣的人聊天,推广宣传自己的产品。当然,无论采用哪种方式进行宣传,都应注重真实性与生动性,尽量多采用彩色图片。

另外,还可以利用微信、旅游企业网站、第三方网站的发布平台进行宣传。

微信是这两年非常火热的通信软件。微信不受时空的限制,用户注册微信后,可与周围同样注册的"朋友"形成一种联系,订阅自己所需的信息,商家通过提供用户需要的信息,推广自己的产品。经营乡村旅游产品的旅游企业可以利用微信宣传,主要体现在以智能手机或者平板电脑中的移动客户端进行的区域定位宣传上。如通过微信公众平台,结合转介率、微信会员管理系统,展示商家微官网、微会员、微推送,实现乡村旅游产品的宣传目标。

旅游企业也可以开发建立自己的网站,通过网站内容进行宣传。对于有些旅游者来说,他们往往有明确的旅游目的,此时如果直接查看相应的旅游网站,就可获得需要的旅游信息。为便于旅游者了解更多、更准确的旅游企业服务内容,网站应设立与乡村旅游产品有关的各种栏目。除展示乡村旅游风光、旅游项目、食宿信息、购物指南、自驾线路等必要内容外,还应设立即时在线交流窗口,随时解答访问者的问题;设立在线订购栏目,提供旅游企业折扣门票、折扣餐饮券等的在线购买,以优惠促销吸引旅游者最快做出购买决策。同时,旅游企业也可时不时地依托网站来开展乡村旅游营销策划设计方案等的有奖征集活动,从而大大提高网站的访问量。

对不知晓乡村旅游产品的旅游者来说,很多时候难以自主访问到网站。因此,乡村旅游经营者还应利用第三方网站的发布平台进行乡村旅游产品的宣传,并建立起与旅游网站的链接。当前,通过向旅游企业提供在线的发布平台来帮助旅游企业推广产品和服务的旅游网站有不少。对于经营乡村旅游产品的企业来说,可选择本省的旅游咨询网和一些行业知名网站,如携程旅行网、艺龙旅游网、同程旅游网、驴妈妈旅游网、途牛旅游网、融 e 购、美团网等,通过录入旅游产品信息形成网上门店,从而进行旅游产品的推广。

(二)利用当地政府部门进行宣传

在乡村旅游营销中,政府的参与也是十分必要的,而且在一些不发达地区的乡村旅游事业发展中,政府参与所发挥的作用很大。由于发展乡村旅游与国家的方针政策相一致,并有利于优化农村产业结构,有利于建设社会主义新农村和建设和谐社会,所以,各地的政府及相关部门均大力支持乡村旅游的发展。鉴于此,乡村旅游企业和经营者可以向政府寻求并获得宣传营销等方面的帮助。

利用当地政府进行宣传,以下一些措施可被采取。

(1)由政府策划,定期或不定期举办节事活动和热点盛事活动,如杜鹃花节、乡村旅游文化节等,以增强本区域乡村旅游的吸引力和被关注程度。单个企业不愿或无力承担这些外溢效应很明显的活动,而在激烈的旅游市场竞争中,热点盛事活动往往对于乡村旅游的营销来说很有利。

(2)请政府在当地或者是外地组织、举办某种形式的乡村旅游推介会。通过这种方式的宣传,能够吸引较多的旅游者或旅行社关注,并最终扩大销售市场。

(3)公共形象宣传。由于公共形象属于公共产品,单个乡村旅游企业不愿或难以承担,加之单个乡村旅游企业前期所做的宣传,很容易被其他企业"搭便车",所以,由政府来宣传并树立乡村旅游目的地的公共形象是很好的。

除了上述宣传活动外,旅游、文化部门应加强对乡村旅游文化资源的挖掘与整理,编写并印发宣传手册,设立各种宣传广告牌、标牌、标识等;当地新闻媒体要开辟专刊、专版、专栏,集中时段和版面强化乡村旅游的宣传,提高乡村旅游的知名度,要在主要游客集散地、景区景点设立乡村旅游宣传广告牌,印制和散发乡村旅游宣传册页。为了扩大乡村旅游的影响力,政府也可牵头,加强景区与乡村旅游点的联合协作。

(三)公关宣传与赞助

公关宣传与赞助是利用公共关系进行宣传的两种方式。公关宣传是利用各种传播媒介,沟通自己企业同社会公众及游客之间的相互联系,增进相互的了解和理解;而赞助是无偿提供资金或物质对各种社会事业做出贡献。这两种方式是为了树立企业的良好形象和信誉,提高知名度,激发公众和游客的好感与信任,为乡村旅游产品的销售创造一个良好的外部环境,实现企业盈利的目的。

公关宣传活动包括吸引记者前来采访报道、策划新闻事件、组织参观活动等。记者的采访报道通常比其他宣传方式更为人所信赖,因此,乡村旅游经营者要积极吸引记者前来并提供各种便利。这就需要乡村旅游经营者注意观察、发掘身边和企业的新闻事件,有意识、有目的、有计划地根据新闻事件的特点,展开一些宣传形象的活动,以便引起新闻媒介的广泛报道,产生重大的社会影响。例如,某地乡村旅游经营户收养了一头野生小熊,吸引了电视台和报社记者前去进行系列采访报道,扩大了知名度和影响力。当然,充分利用名人效应,如领导、明星的到来等,来扩大影响也是很好的方式。如果乡村旅游企业对自己的产品、服务和特色比较自信,也可以适当组织社会各界人士或有关公众代表免费参观考察,以加深公众对自己的了解,引起公众的兴趣。

赞助是一种技术性和政策性很强的公共关系宣传活动。赞助的形式有很多,乡村旅游中的赞助则主要有文化赞助、市场开发赞助、社区赞助、慈善赞助。文化赞助主要是利用文艺界、体育界的名人效应,提高企业的声望。所以,乡村旅游企业应支持和赞助具有充分公众基础的艺术形式和体育项目,立意创新,体现企业对发展文化、体育事业的赤诚之心和社会责任感,在公众心目中树立起良好的形象,进而对自身的产品起到宣传作用。市场开发赞助与市场营销战略和企业目标有关,如给学校赞助,以有利于获得学校将该企业定为乡村实践基地等,不仅开拓了学校市场,同时还为将来的营销奠定基础。社区赞助是对企业所在地社区事业的赞助,它有利于获得良好的经营环境和社会声誉。慈善赞助往往与企业的营销目标无明显联系。但具有社会价值和社会需要,易在社会公众中引起较大反响,社会公众形象好自然会对自身的产品起到宣传作用。

赞助这种宣传活动如果把握不好,难以收到预期的效果,所以,应注意遵循以下几个基本原则。

第一,社会效益原则。开展赞助活动必须着眼于社会效益,以获得公众的普遍好感。这需要企业应优先赞助社会慈善事业、福利事业、教育事业和公共设施的建设。

第二,实力原则。赞助活动应根据企业的利润额、经济实力和市场发展战略来开展。赞助经费的数额,必须在企业能够承受的范围之内,同时又要达到一定的额度,以形成较大的影响。

第三,合法原则。企业开展赞助活动时必须遵守党和国家的政策法律。违背政府的经济政策法规,利用赞助活动搞不正之风,会削弱赞助活动的宣传效果。

第四,相关原则。企业要开展赞助活动,首先赞助的对象应当与公众生活或自己的经营内容相关联。

对于乡村旅游企业来说,应选择恰当的时机进行恰当的赞助。如出现重大事件时,社会、媒体、民众对事件的关注度最高,如果企业能够在第一时间主动表态,必然可以引来更多注意,也最能吸引媒体的报道。此外,要制订详细的计划,包括何时赞助、赞助多少、何时举行新闻发布会等。只有考虑充分,把握得当,才能真正增加企业的知名度。

（四）利用回头客进行宣传

回头客往往是铁杆的消费者、忠诚的使用者和自动的宣传员。所以,乡村旅游企业应当注意发挥回头客的宣传作用。

利用回头客宣传,费用低、可信任度高、针对性准确、易整体提升企业形象,挖掘潜在游客的成功率高;能有效影响消费者决策、提高品牌忠诚度、更加具有亲和力,并避开竞争对手锋芒。当然,回头客的说法难免主观、片面,有可能会产生错误言论,造成宣传信息的不真实。

利用回头客进行宣传时,乡村旅游企业首先要提供高质量的服务,真诚待客,获得游客的满意;其次要注重旅游结束后的后续服务或联系,比如经常给回头客打电话或发短信、邮件进行联系、交流,说明我们新的完善与发展;最后要建立游客资料库,给回头客发放会员卡、价格打折或赠送小礼品、土特产品等,以体现企业的诚挚感谢。

（五）自制宣传材料

旅游企业除了上述的宣传方式外,还可以通过自制宣传材料来进行宣传。它可以说是其他宣传方法的一种补充方式。对于规模较小的乡村旅游企业来说,这种方式无疑是最合适的。自制宣传材料的方式可以多种多样,效果好即可。以下就是常见的一些方式。

(1)制作宣传小册子和传单。小册子和传单的内容应当丰富一些、色彩应当艳丽一些,要能突出乡村旅游产品的亮点和特色。

(2)制作标识牌、路牌。标识牌和路牌不仅给游客提供了便利,也能起到宣传作用。制作时要注意尽可能地做到美观耐用,简洁自然。

(3)制作名片。名片的成本低,内容一般包括名称、经营范围与特色、联系方式等。

(4)制作车贴广告。在自己的交通运输车辆或付费使用他人的车辆上可以张贴别具一格、具有冲击力的广告,来实现宣传效果。农村有很多的农用机动车,这些司机都比较好讲话,付出较低的报酬就可贴上宣传材料。所以,在乡村旅游企业也可以选择在农用机动车上张贴广告。

(5)设立广告牌。乡村旅游企业要在不违反相关法规的情况下,设广告牌于交通较为密集的国道、省道等公路两旁或车站等人流密集的地方。广告牌的制作应美观耐用,忌粗制滥造。

二、乡村旅游的营销渠道探索

按照美国市场营销学家菲利普·科特勒的观点来说,营销渠道就是商品和服务从生产者向消费者转移过程的具体通道或路径。良好而通畅的营销渠道,有助于旅游目的地、旅游企业很好地进行促销活动,有助于向旅游者提供有价值的咨询和建议,有助于旅游者及时购买和提前预订旅游产品,从而使旅游者购买行为得以实现。因此,乡村旅游营销渠道的探索也是乡村旅游市场开拓中极为看重的内容。

（一）乡村旅游营销渠道的类型

乡村旅游产品的营销渠道因为各种因素的影响,往往也是以多种形态呈现。这就有了不同的营销渠道。

1. 直接营销渠道和间接营销渠道

在没有旅游中间商的情况下,乡村旅游产品直接被销售给旅游者,这就是直接营销渠道;反之,如果借助旅游中间商来销售乡村旅游产品就是间接销售渠道。

2. 长渠道和短渠道

营销渠道根据介入旅游中间商层次来看,还有长短之分,因而就有了长渠道和短渠道的类型。营销渠道长,就是长渠道。这种渠道的信息传递慢,流通时间较长,对营销渠道控制困难。反之,介入旅游中间商层次少,就是短渠道,其信息传递快,销售及时,能有力地控制营销渠道。

3. 宽渠道和窄渠道

乡村旅游产品销售网点的数目与布局决定了其营销渠道的宽度。数目多,分布广,渠道就宽;数目少,分布小,渠道就窄。

就当前来看,我国乡村旅游经营组织规模一般都比较小,大多采用直接营销渠道、短渠道、窄渠道,但随着乡村旅游的发展,各种类型的营销渠道必将被广泛地采用。

（二）乡村旅游营销渠道的成员

专门帮助乡村旅游经营组织进行营销的中介组织和个人就是乡村旅游营销渠道的成员,包括乡村旅游代理商、乡村旅游批发商、乡村旅游零售商、专业旅游媒介等。

1. 乡村旅游代理商

乡村旅游代理商是指与乡村旅游组织签订合同接受委托,在某一特定区域内代理其销售乡村旅游产品的旅游中间商。比如，他们代理乡村度假村接受预订、宣传乡村饭店的产品、向乡村旅游者提供旅游目的地的信息等。度假村则支付给他们一定的手续费或佣金。

乡村旅游代理商往往具有较为突出的营销资源优势，因此乡村旅游经营组织借助他们寻找市场机会，开拓市场，扩大销售。当然，乡村旅游经营组织要为代理商提供相应的支持性服务，如邀请代理商考察被代理的乡村旅游经营项目，开展以旅游代理商为目标的推广活动，提供免费预订电话，快速处理佣金支付问题等。

2. 乡村旅游批发商

乡村旅游批发商就是主要从事组织和批发包价乡村旅游业务的机构，如大型旅游公司或旅行社。他们的实力一般比较雄厚，管理、宣传及销售方面都比较出色。

乡村旅游批发商的收入主要来源于交通部门支付的代理佣金、乡村度假饭店订房差价和乡村旅游地的门票差价等。由于乡村旅游批发商大多拥有较强的人、财、物及采购优势，采用集团化经营，也拥有自己的零售网络，抗风险能力强。因而其在乡村旅游产品营销渠道中的作用越来越大。从旅游者角度来看，很多时候，旅游者对旅游产品缺乏全面的了解，为节省时间和精力，往往更倾向于参阅乡村旅游批发商提供的乡村旅游产品目录，从中选择价格、时间搭配比较合理的包价旅游。所以，与乡村旅游批发商合作，让自身产品出现在包价旅游目录中，有利于实现促销目的。

3. 乡村旅游零售商

乡村旅游零售商是指直接向旅游者提供乡村旅游产品的旅游中间商。比如规模小的旅行社。旅行社为了适应旅游消费者的多种需求，会熟悉各种乡村旅游产品及其价格，充分了解乡村旅游者的偏好、经济支付水平、生活消费方式等情况，帮助乡村旅游者恰当地安排合适的乡村旅游线路，向旅游者提供咨询服务，代为预订车船票,还会与乡村旅游地的旅馆、餐馆、景点以及车船公司等保持良好的沟通和联系,不断反馈乡村旅游市场和旅游者的需求变化信息。

乡村旅游推介点也是比较流行的乡村旅游零售商,其可以设在相近的辐射城市中心广场和生活区,一方面推介景区,另一方面提供景区门票、食宿折扣券销售、提供景区自驾线路,并提供发往景区的旅游车服务。

4.专业旅游媒介

专业旅游媒介主要是那些专门从事旅游宣传工作,向旅游者提供信息服务、预订服务及旅游线路的推荐服务的机构,如旅游经纪人、旅游促销机构、旅游信息中心等。它们的收益也主要从所提供的服务中来获取。

其实,乡村旅游经营组织也不能忽视游客这一很有价值的营销渠道。乡村旅游者一般很愿意将自己的旅游体验传达给周围的人群,并给他们提供可信任的旅游建议。所以,旅游经营组织如果努力提供给这些旅游者独特的旅游体验使他们获得满足,与他们建立一种朋友的关系,就能使他们成为旅游产品最有说服力的渠道载体。

(三)乡村旅游营销渠道选择的影响因素

乡村旅游经营者在选择和设计营销渠道时,往往会受到多种因素的影响和制约,主要有以下几个影响因素。

1.乡村旅游市场特点

乡村旅游经营者在选择乡村旅游营销渠道时,一定要考虑乡村旅游市场的特点这一重要的影响因素。这一影响因素具体包括乡村旅游各目标市场的地理分布、乡村旅游市场的容量、旅游者对不同销售方式的反应、乡村旅游竞争者的营销渠道分布等。就拿目标市场的地理分布来说,如果目标市场的地理分布广,那么可以选择较宽、较长的营销渠道;否则,就选择直接渠道或者窄营销渠道。

2.乡村旅游产品特点

乡村旅游产品往往是丰富多样的,营销者为了获取良好的营销效果,会将其进行组合。在选择营销渠道时就要注意,不同乡村旅游产品的组合,需要的营销渠道是不同的。一般来说,组合后的产品内涵丰富,有较大的旅游容量,定价不是很高,产品的生命周期长,面对这样的产品,就可选择较长的营销渠道;而组合后的产品内容单一,有较小对旅游容量,定价偏高,产品容易过时,那么适宜选择较短的营销渠道。很显然,乡村旅游产品的特点也是影响乡村旅游产品营销渠道的一个重要影响因素。

3.乡村旅游企业经营规模

乡村旅游企业的经营规模往往决定着其接待能力和目标市场,而所选择的目标市场的规模又影响营销渠道的选择。经营规模较大、范围较广的乡村旅游企业需要选择长而宽的营销渠道;反之则需选择窄而短的营销渠道。

4.乡村旅游企业实力

一般来说,如果乡村旅游企业的资金雄厚、社会声誉好,那么在营销渠道的选择上会灵活很多,可以随意挑选和利用各种有利的营销渠道。但是,如果实力较弱,社会影响较小,又缺乏管理经验和营销能力,那么通常就会选择有限的营销渠道。

5.销售人员素质

乡村旅游经营组织中,如果销售人员的素质都很高,有极强的专业能力,有自信实现很好的销量,那么就可以选择直接营销渠道。当然,如果销售人员的素质普遍不高,难以承担本组织的销售任务,那么,乡村旅游经营者除了想办法提高销售人员的素质外,还可以选择间接营销渠道,即依靠旅游中间商来销售乡村旅游产品。

（四）乡村旅游营销渠道的控制

由于营销渠道的成员都是独立的企业,都有自己的经营目标,因此管理起来并不容易,一般来说,要想更好地控制营销渠道,乡村旅游要注意调动中间商的积极性,减少各渠道成员之间的冲突。

首先,要注意加强与旅游中间商的合作。乡村旅游中间商为了自己的经营目标,往往会同时经销多家乡村旅游企业甚至其他类型旅游企业的产品。这些旅游产品既可以组合成综合旅游产品,又可以是相互竞争的产品,而旅游中间商选择什么旅游产品取决于与乡村旅游企业的合作程度。因此,乡村旅游企业应尊重中间商的利益,加强与中间商的沟通,以达到双赢的目的。同时,根据中间商的营销能力、资信状况,给不同的中间商以不同的价格优惠,采用灵活的优惠形式,如减收或免收预订金等。

其次,调节中间商之间的冲突。乡村旅游的中间商多,那么中间商之间难免会因竞争而发生冲突。冲突一旦发生,会对整个营销渠道产生不利的影响,因此必须对冲突进行有效合理的控制。解决冲突最有效的办法是加强与各渠道成员之间的联系,定期举办各种座谈会,把营销渠道成员聚在一起,相互沟通,消除分歧。

最后,强化管理制度。乡村旅游企业要根据市场的变化、产品特点以及现有中间商的表现,制定一套切实可行的办法,定期对中间商进行行业绩考核,对销售不力、效率低下、不能适应市场变化、对营销渠道整体运作有严重影响的渠道成员予以裁减。

第六章　基于游客感知的乡村旅游形象设计

伴随着形象时代的来临,形象日益成为社会关注的一个焦点问题。社会学家与文化研究者认为,在人类社会逐渐由工业社会向后工业社会转变之际,生活在后现代社会趋强的时空环境中的人,所具有的最基本的心理和行为特征就是形象消费方式与形象导向的思维模式。形象成为当今社会的核心概念之一,人们对于形象是非常关注和依赖的。对于乡村旅游业来说,形象也逐渐成为旅游地吸引游客、巩固游客的一个重要因素。在乡村旅游发展的过程中,旅游企业要基于游客感知,根据自身的实际情况和市场需求设计属于自己的独特形象,以获得长远的发展。

第一节　乡村旅游形象的内涵

一、形象与旅游形象

(一)形象的内涵

形象是客观物的存在(包括其存在形式和由此引发的现象和关系)在人脑中的反映,具体而言,它包含以下两个方面的含义。

第一,形象是一种具体的形态、形状模样,是事物的外在特征,是有形的、可描述的,是一种客观的物质存在,具有客观性。

第二,形象是通过人的主观感受体现出来的,人是形象的感受者,具有主观性。

综上所述,形象具有客观性和主观性的双重属性。客观事物总是不断发展变化的,其外部特征也会随之变化。于是,客观事物的形象也是会发生变化的,由此可知,形象还具有可塑性。正是因为形象具有可塑性,其策划和设计才具有可行性。

(二)旅游形象的内涵

1.旅游形象的含义

旅游形象是指旅游区域内各种旅游资源、设施、服务、管理、环境以及区域内的社会、经济、文化等给予旅游者的综合感知和印象。

2.旅游形象的分类

旅游活动是一项包含了社会、经济、文化、政治等多重属性的综合现象,包括了旅游地形象、旅游企业形象、区域旅游形象等众多层面的内涵。

旅游地是指一定地理空间上的旅游资源同旅游专用设施、旅游基础设施以及相关的其他条件有机地结合,旅游地是综合的概念,是旅游者旅游活动的基本依托。

旅游企业主要包括饭店、旅行社、旅游交通企业、景区(点)及娱乐场所的经营公司等。旅游企业形象指的是人们对旅游企业特征和运行状况的总体反映。

区域旅游形象是旅游形象概念在区域特征前提下的具体化。在我国,区域旅游形象是伴随着区域旅游规划的发展而提出来的。结合目前我国区域形象的"城乡二元结构",城市旅游形象和乡村旅游形象是区域旅游形象的两大组成部分。

3.旅游形象的构成

旅游形象涉及面极为广泛,是一个多层次、多结构的复杂系统,它由许多因素构成。从总体来看,一般可以划分为硬件要素系统和软件要素系统。

（1）硬件要素系统。硬件要素是旅游形象树立的基础,是旅游形象的物质支撑。没有良好的硬件要素,难以树立良好的旅游形象。从旅游地角度看,硬件要素系统主要由旅游资源、旅游环境、旅游基础设施等构成。在这几种要素中,旅游资源是关键因素,旅游资源是最直观地可以吸引游客的东西,其好坏对旅游地的影响是最为直接的。质量较高的旅游资源有利于旅游地树立良好的旅游形象。

（2）软件要素系统。旅游业属于服务业的范畴,旅游产品属于服务产品。服务产品与工业、农业所生产出来的物质产品或商品之间最根本的区别在于"物质产品是制造出来的,而服务则是通过行为表演出来的"（西方营销学者拉什麦尔语）。旅游产品实质上是各种旅游企业为旅游者提供的设施和服务。或者,更准确地说,是各种旅游企业借助一定的设施或条件所提供的服务。而这里的服务,是指旅游企业的工作人员借助一定的设施及使用一定的手段,向旅游者提供的各种直接的便利和间接的便利的总和。因此,可以认为旅游从业人员是构成旅游形象最重要的软件要素之一。

4.旅游形象系统

一般来讲,理念识别系统（Mind Identity, MI）、行为识别系统（Behavior Identity, BI）和视觉识别系统（Visual Identity, VI）。这三者相互作用、相互影响,形成一个完整的识别系统,被称为旅游形象系统（Tourism Destination Image System, TDIS）。

（1）理念识别系统（MI）。理念识别系统是旅游形象系统的支柱,由社会使命、经营观念、行为规程、活动领域四部分组成。社会使命是旅游经营活动的依据和出发点。经营观念是旅游经营活动的指导思想,如企业精神、职业道德、质量意识、服务意识、企业凝聚力等。它反映一种价值观和思想水平。行为规程是旅游经营观念指导下对旅游从业人员的行为规范的具体要求,它体现在员工手册、岗位责任说明书、岗位操作规程和劳动纪律等中。

活动领域是旅游服务活动的范围。

（2）行为识别系统（BI）。行为识别系统是理念识别系统的主要体现，通过服务行为和社会行为来传达。旅游者往往通过旅游经营组织中每一个员工的一言一行，来具体识别旅游形象。乡村旅游经营者通过对员工的教育、培训以及为员工创造良好的工作环境，促使员工自觉地把自己的一言一行与旅游形象联系起来，提供优质产品和最佳服务。社会行为主要包括公共关系活动、社会公益活动、专题活动、形象广告活动等。良好的社会行为识别，可以使社会公众了解乡村旅游经营组织的信息，产生好感和信赖，从而使乡村旅游组织在社会公众中树立良好的形象。

（3）视觉识别系统（VI）。视觉识别是理念识别的一种静态表现形式，是理念识别系统的载体，它能准确而快速地传递旅游地信息和形象。VI 必须以 MI 为中心，服务于 MI。在旅游形象设计中，VI 的对象主要包括两类：一是旅游地的景观视觉识别系统，是已有的旅游视觉形象，主要指自然赋予的自然景观和历史遗存；二是根据旅游市场的需求设计而来的视觉形象，主要包括对旅游地及内部景区、景点在视觉识别上的基本要素和应用要素，如旅游地内的景区、景点以及相关旅游企识、服务意识、企业凝聚力等。它反映一种价值观和思想水平。

二、乡村旅游形象的含义、特点和分类

（一）乡村旅游形象的含义

乡村旅游形象指的是某一个乡村旅游目的地的各种旅游资源以旅游产品的方式被游客和公众所看到。乡村旅游形象很大程度上可以代表社会大众对于该地特点的概括和评价，乡村旅游形象也是自己区别于别地的一个重要标识。通常认为，乡村旅游形象由以下三个部分组成，即乡村旅游原生形象、乡村旅游产品与服务形象和乡村旅游的社会形象。

（二）乡村旅游形象的特点

1. 地域性

乡村是乡村旅游形象的唯一载体和实体依托，无论对于旅游者还是旅游营销者，乡村旅游形象首要的空间地域概念是乡村。同时，乡村受空间分异规律影响具有地域差异，表现出地域性特征。这种地域性特征是乡村旅游形象个性化形成的基础，也是乡村旅游形象地域差异产生的基础。

2. 整体性

乡村旅游形象是由内外各要素构成的统一体。从内部要素看，它包括乡村旅游目的地文化、资源特征、民俗节庆、农事活动等；从外部看它包括公众对乡村的认知、兴趣、信赖等，这两者之间密不可分，由此构成了内涵丰富、有机联系的整体的乡村旅游形象。

3. 综合性

从内容看，乡村旅游的形象内涵丰富，是多种因素相互影响、相互制约、主观因素和客观因素共同作用下形成的心理感知综合体，具有有形和无形双重特征，主要表现为内容的多层次性和心理感受的多面性。从时间层面看，乡村旅游形象形成过程可划分为三个阶段的形象，即原生形象、次生形象和复合形象。从感知要素层面看，是旅游者对乡村旅游目的地的旅游资源、旅游产品、乡村环境、乡村社会经济、乡村风貌等诸多要素的综合感知。由于旅游者的个性差异导致对乡村旅游形象的心理感受呈现出差异性和多面性。

4. 稳定性和可变性

乡村旅游目的地形象一旦形成，在相当长的一段时间内很难在人们心中淡化，形象是一种经验积累和理性认识的过程。某一乡村旅游目的地由于其资源特色与市场定位，使得其旅游形象相对稳定。而随着市场的变动,旅游者求新求变的心态,使得乡村旅游形象在一定程度上需要主动的稳中求变,带给旅游者新的理念、新的创意,由此吸引和满足不同旅游者的需求,人们的思维、认识也是随着外部环境的变化而变化的,思维中的某地乡村旅游形象也会随之而变化,或越变越好,或越变越差。乡村旅游需要不断创新目的地旅游形象,在创新过程中,保持旅游目的地形象的相对稳定性。

5. 传播性

乡村旅游形象需要借助大众传播媒介和渠道进行传播,这种传播一般分为有意识传播(乡村旅游开发主体或旅游企业积极主动地推广与宣传)和无意识传播(旅游者、公众的人际传播、大众媒体报道)。现代社会,人们通过接收大众传媒的信息而感知世界,对乡村旅游形象的感知除了亲身经历体会之外,更多的印象来源于大众传播媒介所传递的信息。乡村旅游形象在传播的过程中建构和形成。

6. 战略性

树立乡村旅游形象的目的是提高旅游目的地知名度,从而增加经济效益、社会效益和环境效益,实现这个大目标的过程便是乡村旅游形象战略化的表现。在社会化媒体环境的当今社会,口碑和品牌成为企业和地方经济在激烈竞争中取胜的重要因素,乡村旅游目的地要在激烈的竞争中取得良好发展就必须要着眼全局,提倡战略部署,走乡村旅游形象战略之路。

(三)乡村旅游形象的分类

1. 乡村旅游景观形象

乡村旅游景观不同于城市旅游,主要包括各种自然景观、人文景观、乡村布局、乡村标志等,是乡村旅游的主导吸引因素。不同的主题呈现出来的景观形象差异较大,如以观光农业为主的农业种植景观,以休闲生态为主的休闲农业旅游。

2.乡村旅游产品及服务质量形象

乡村旅游产品同样包含旅游产品的六要素,即吃、住、行、游、购、娱六方面,围绕着六要素所体现出的服务水平、从业人员素养是乡村旅游形象的核心内容。

3.乡村旅游社会形象

由于我国城乡二元结构给公众所带来的刻板印象,使得乡村在部分公众心目中还停留在落后、偏僻等层面。因此,游客在旅游过程中所体验和感受到的当地社会生活的各个层面的状况,包括基础设施建设、村民的精神面貌、社会风气、风俗习惯和村民对旅游者的态度等反映乡村整体的生态、文化与文明。因此乡村旅游社会形象在乡村旅游形象资源中占有举足轻重的地位。

第二节 乡村旅游形象的基础性设计与显示性设计

一、乡村旅游形象的基础性设计

旅游形象设计的前期基础性研究是旅游形象设计的首要工作,此过程包括以下三个方面的内容。

(一)地方性研究

因为乡村旅游形象具有地域性,所以进行地方性研究是非常必要的。具有地方性是一种地域分异的体现,而地域分异规律实际上表现出一种地域性特征,这种地域分异除了在自然景观方面有所表现,也体现在在人文景观方面。一般而言,地方性越是独特,在设计旅游形象的时候,就会有更多的地方特色被挖掘出来作为设计的要素,这些独特的地方会让其旅游形象更为鲜明。下面我们从研究内容和研究方法展开论述。

1. 研究内容

任何旅游地都有其独特的地方特性,这种地方特性被称为"地格","地格"的形成类似于人格的养成,不仅要有先天的基础,而且后期的孕育也是非常重要的。对于地格而言,先天的基础就是该旅游地与生俱来的自然地理环境,而在这个地理环境中滋养的历史文化和各种习俗也对其产生了深远持久的影响。

2. 研究方法

在旅游形象设计中,旅游形象地方性研究实际上属于旅游地资源的分析。对旅游资源做出客观、科学的评价是旅游形象设计的前提和基础,只有正确认识到地方旅游资源的地方特色,才能从中挖掘出有助于地区塑造旅游形象的要素。

(1)体验性评价方法。顾名思义,体验性评价方法就是指基于评价者对评价客体的质量体验而做出评价的方法,其又可细分为体验评价和美感质量评价两种。体验性评价方法是一种定性的评价方法,一般而言,评价者(主要指旅游形象的设计者)需要去旅游地当地对旅游资源进行详细的考察,在考察之后通过自己的分析,然后凭借自己的经验知识,对旅游地的资源做出有依据的结论性描述。

(2)定量性评价方法。除了体验性评价外,还可以将旅游资源定量的评价引入旅游形象基础性研究中,作为地方旅游形象的参考。定量性的资源评价对象主要是区域内现有的旅游景区、景点。目前采用比较多的定量评价方法可以参考《旅游资源分类、调查与评价》(GB2003/T)中推荐使用的综合评价打分法(实际是定性评价与定量评价的结合方法),通过根据指标内涵分别赋分,对乡村旅游地的旅游资源和景观资源进行等级划分,有利于对乡村地区重点旅游资源的把握,从而从总体上把握该区域的整体旅游形象。

地方性分析深刻地揭示了乡村旅游地的资源特色和文化背景,从总体上把握了乡村旅游地的"地格"。

（二）受众调查

构建乡村旅游形象，最主要的目的就是向潜在旅游者推销旅游目的地，通过乡村旅游形象的传播，让旅游者对该地的地方特色有一定的了解，勾起他们的旅游欲望，促使其产生旅游动机。因此，有必要了解旅游者对某地的认知情况，只有了解了他们的认知情况，才能确立正确的乡村旅游形象。

在进行受众调查时，一般包括以下两点内容。

1. 知名度和美誉度

知名度和美誉度是旅游者关于旅游地印象的定量性评价指标。其中，知名度是指真实和潜在旅游者对旅游地识别、记忆的状况，需要明确的一点是，知名度本身并没有好坏之分，但不管是好的还是坏的都可能提高旅游地知名度；美誉度则指真实和潜在的游客对旅游地的褒奖、赞誉、喜爱情况。

2. 旅游形象要素调查

旅游形象对旅游者的旅游决策有着重要的意义，在旅游者的决策过程中，不同决策阶段旅游者的决策依据有所不同。在此项调查中，主要了解旅游地在旅游者心中是怎样的形象，包括哪些内容，旅游者为什么会形成这样的印象等内容。通常通过对受众的问卷调查进行。

（三）形象替代分析

形象替代分析又可以称为"竞争者分析"。在乡村旅游形象设计中，一方面要对竞争者进行分析，要对竞争的大环境有所了解，同时也要对自身和其他竞争者的优劣势有足够的了解；另一方面，也是较为重要的一点，就是一定要突出乡村旅游产品的差异性，通过乡村旅游形象表现出乡村旅游地的特色。

旅游形象替代也叫旅游形象遮蔽，主要表现为两种形式：一种是高级别的区域形象替代低级别的地点形象，即"背景形象替代"；另一种是以比较著名的地点形象替代地区形象和地段形象，即"前景形象替代"。

旅游竞争分析时需要考虑的内容，即对下列因素进行比较评价。

第一，自然旅游资源，如气候、水文、山川。

第二，文化和历史资源，如历史纪念地、博物馆、传统节日和习俗等。

第三，基础设施，如道路网络、水的供应、通信设施等。

第四，交通设施，包括进入的方式及旅游区内的交通设施。

第五，吸引物与旅游设施，如休闲设施、住宿、饮食等。

二、乡村旅游形象的显示性设计

乡村旅游形象的基础性设计已经完成了乡村旅游形象设计的前期准备工作，在接下来的工作阶段中，需要对乡村旅游形象进行显示性设计，基本内容包括以下几个方面。

（一）形象定位

随着近年来我国旅游业的迅猛发展，旅游者可选择的旅游地日益增多，除了已经颇负盛名的经典景区之外，还兴起了很多新的旅游景区，旅游地之间的竞争也日益激烈。与此同时，随着新媒体技术的发展，人们的娱乐活动越来越丰富，一定程度上对旅游业的发展造成了较大的冲击。因此，旅游地必须要对其旅游形象进行定位，对自身的优势进行挖掘并将其打造成自身独有的吸引力。

1. 定位原则

乡村旅游形象定位的原则有：以自然资源和人文资源为基础，顺应文脉原则；个性化原则，充分且合理、有效地挖掘地方特色，做到"人无我有、人有我优、人优我新、人新我奇"；市场导向原则，只有符合市场需求的才是最好的；时代特色原则，时代在变化,定位一定要与时俱进,不要被时代所淘汰。

2. 定位方法

旅游形象定位是旅游形象设计的前提,它为旅游形象设计指出方向,具体的旅游形象定位方法有以下几种。

(1)领先定位。领先定位就是要将自己定位于行业的顶端,要做就要做到最好,一般而言,领先定位适合独一无二、不可替代的乡村旅游资源和产品。

(2)逆向定位。这种定位强调并宣传的定位对象是旅游者心中第一位形象的对立面和相反面,通过这种逆向的定位吸引旅游者的注意,开辟一个新的易于接受的心理形象阶梯。

(3)空隙定位。空隙定位是在区域内有众多的乡村旅游目的地而且定位各不相同的情况下,对旅游者心目中已有的根深蒂固的形象类别进行分析,从众多的形象类别中发掘之前从未出现过的形象,树立全新的形象阶梯。

(4)重新定位。重新定位是乡村旅游目的地采取的二次定位策略。重新定位与空隙定位不同,它不是要去发现新的东西,而是在固有的资源基础之上,通过改善甚至是颠覆,重新以新的形象展现在游客面前,原有形象被淘汰掉,塑造了新的形象,以产生新的号召力和吸引力,使乡村旅游目的地再次焕发活力,增强其吸引力。

(二)形象设计与策划

1. 理念设计

乡村旅游形象设计是一个有机的系统工程,而在这个工程中,最为关键的是就是其理念的设计以及实施。乡村旅游目的地的理念设计在一定程度上涵盖了乡村旅游的基本发展思路,是所有后续工作的指导。与此同时,理念设计会关系到乡村旅游发展道路上一些长期的具有决定性的选择,如是要追求一种长远的发展能力还是要进行资源的大量开发,是要将城市文化吸收融合进来还是保持乡村文化的原汁原味,是要走上城市化道路还是维持现有的产业结构,等等。

乡村旅游理念设计所要做的就是把其确定的理念通过精练和有趣的语言、形象的图片甚至是活泼的三维动画或电影等各种形式建立理念口号和传播理念内涵。然后在乡村旅游相关利益者中间加以传播,这样,乡村旅游的发展战略就确立下来了。

2. 行为设计

乡村旅游形象的行为设计是理念设计的动态传播和识别,其指的是整个乡村旅游的具体开发和运营活动,其涵盖的内容非常广泛,不管是内部的行政还是外部的管理,都有涉及。简单来说,就是通过具体的行动来塑造目的地整体形象。乡村旅游形象的行为设计必须满足以下要求,才能实现理念的准确传播。

第一,行为设计应当易于操作。要更多地考虑行为主体的现实情况。

第二,理念设计一旦确定就具有稳定性,但是行为则要求在理念的指导下不拘一格。

第三,行为设计应当足够全面。

3. 视觉设计

乡村旅游形象的视觉设计是乡村旅游形象理念在视觉上的表达和扩展,是乡村旅游形象体系中最直观、最易于被感知的内容。视觉设计大致可从以下几方面着手实施。

(1)乡村旅游地名称。乡村旅游地名称不仅要体现出当地的资源特色或旅游活动内容,而且要体现差异性,表达清晰的诉求信息。

(2)乡村旅游标志。乡村旅游标志通常包括乡村旅游吉祥物、乡村旅游地标准色等方面内容。乡村旅游标志旨在加深游客对旅游地的认识,以强化旅游地的视觉形象,加深乡村旅游地形象。

(3)乡村旅游地户外广告。户外广告一般都具有非常强烈的视觉冲击,广告效果是非常明显的,可以设计得醒目一点、个性一点。

（4）乡村旅游地纪念品。乡村旅游地纪念品一般都是极具当地乡村特色的物品，可以是工艺品，也可以是食物，这些一般都会被游客带回给家人或朋友，因此是乡村旅游形象口碑传播的重要载体。

（5）乡村标志性建筑。乡村标志性建筑与城市建筑具有很大的不同，一般而言，都具有极为深刻的历史文化意义。一座古桥、一条古老的青石板路甚至是传统的山墙民居，都能成为一种标志性建筑，这种建筑与大小无关，只要有文化有故事，能够引发游客的情感共鸣，那么加以包装就能成为乡村的标志性建筑。

（三）形象传播与推广

旅游形象设计的目的在于使更多人认知旅游地，旅游形象如果不能有效地传播和推广，就不能实现旅游形象设计的根本目标，因此，在设计出旅游形象后必须考虑该形象的传播和推广，只有被更多人认识的旅游形象才是成功的旅游形象设计，因而，旅游形象的有效传播具有极为重要的意义。

1. 乡村旅游形象传播与推广的渠道

乡村旅游形象的传播和推广渠道主要有以下几种。

（1）媒体广告。形象广告的媒体可分为大众传媒（报纸、杂志、电视广告等）和特定媒体（户外媒体、电波媒体、印刷媒体等）。形象广告以乡村旅游地独特的景点风光和奇异的乡村旅游文化为诉求点来吸引潜在游客，促使他们产生出游动机。一般来说，乡村旅游形象的传播应以大众媒体广告为主，特定媒体广告为辅。电视媒体以其直观性、实时性、普及性而成为当前效果最好的形象广告载体。但电视媒体广告费高，可考虑选择主要目标游客群所处的地方，在适当时期进行电视广告宣传。另外，还可以利用广播、报纸、杂志以及多媒体展示系统、电子滚动屏幕和路牌形象广告、礼品广告、纪念品及旅游商品广告、交通及旅游点票据广告、直邮广告等相对廉价的媒体进行乡村旅游形象广告宣传。

（2）公关活动。公关活动主要是指旅游地通过各种方法和手段协调与公众的关系，并通过双向的信息交流，使旅游地在公众心目中树立良好形象，以达到旅游形象的传播，提高旅游地知名度、美誉度。一般采用庆典活动的方式进行，如旅游交易会、旅游展览会、周年纪念、庆功表彰、重要仪式等。

（3）节事（庆）活动。乡村节事（庆）活动是一种融参与性、观赏性为一体的特殊的旅游形象传播手段。举办具有地方特色、民族特色的乡村旅游节事活动对建立和传播乡村旅游地形象有非常重要的意义。要选择一些特色鲜明、具有标志性特征的节庆，使这项活动真正成为旅游地形象的指代物。

乡村节庆活动不仅能有效整合旅游地形象的构成要素，还可以促进旅游业六大要素的协调与发展，因而一个地区通常会组织多个乡村节庆活动来塑造自身的形象，打造知名的品牌。但各类节庆活动之间应相互补充，且主次分明，这样主题旅游形象才能更加鲜明突出。

（4）促销活动。促销的实质是一种沟通活动，旅游地通过开展一些活动，发出作为刺激物的信息，把信息传递给一个或更多的旅游者（或潜在旅游者）以影响其态度和行为。乡村旅游地可采用销售刺激等手段，如向游客赠送旅游吉祥物、发放优惠券，对旅游代理商和批发商进行销售激励。

2. 乡村旅游形象的传播方式

乡村旅游形象的传播方式可以分为以下几种。

（1）政府主导型模式，是指在政府的统一领导之下，旅游企业、旅游相关行业、专家学者以及社会公众共同参与旅游地形象传播工作，各自发挥自己的职能和优势，在这个过程中，要突出政府的主导性特点。

（2）政府参与型模式，是指政府、旅游企业、相关支持行业、专家学者、社会公众在相对平等的位置上，以某种类似合约的方式，发挥各自特长、各负其责，共同参与旅游目的地形象传播工作。在这个过程中,强调的是参与各方的平等性,并没有谁占据主导地位。

（3）政府辅助型模式,是指在政府营造良好旅游目的地形象传播环境的条件下,旅游企业、相关支持行业、专家学者和社会公众通过各自努力自发参与旅游目的形象传播。在这个过程中,政府主要起到一个协助的作用。

（四）旅游形象的调整

旅游形象设计完成后,在其传播过程中,可能出现各种问题,应将旅游形象的设计和传播放回到旅游本身,检验旅游形象及其传播是否切实、有效,并根据具体情况做出适当的调整。此外,旅游地的发展具有一定的周期性,因此,旅游形象也并非是一成不变的,应适时对其做出调整和更新。

1. 旅游地的生命周期

世界上没有长盛不衰的旅游地,旅游地从发生到消亡,这是一个必经的过程,这就是著名的旅游地生命周期理论。该理论以巴特勒的六阶段模型最为著名。巴特勒认为,旅游地生命周期会经历以下六个阶段。

（1）"探索"阶段,在这个时期,一个具有冒险精神的人,发现了商业化并不浓厚的具有旅游价值的旅游地。

（2）"起步"阶段,在这个时期,因为有游客涉足,当地人开始积极地进行宣传,游客数量得到了一定的增加。

（3）"发展"阶段,由于广告宣传以及知名度的提升,旅游者的数量越来越多,增加的速度也越来越快,经营者也发生了变化。

（4）"巩固"阶段,尽管旅游者总人数仍在增长,但其增长的速度已经放慢。

（5）"停滞"阶段,旅游者人数已达到高峰,旅游地本身也不再让旅游者感到是一个很好很有价值的地方了。

（6）"衰落"阶段,旅游者被新的度假地所吸引,该地只能依靠短距离的一日旅游者和周末旅游者的造访来维持其生计。

要想从停滞阶段复苏,旅游地吸引力必须发生根本性的变化,为达到这种目的可以通过创造一系列新的人造景观,或发挥未开发的自然旅游资源优势,重新启动市场,需要经历很长的时间。

2. 旅游形象的调整

旅游者对旅游地发展的不同阶段具有不同的认知与评价,其旅游形象也会随着旅游地生命周期的不同阶段而有所变化,由此,李蕾蕾提出了旅游地形象的生命周期模式(见表 6–1)。

表 6–1　旅游地形象的生命周期模式

阶段划分	形象特征	形象战略方向
探索	知名度低,探险者乐园	树立形象
起步	新兴旅游地	形象广告促销
发展	高知名度的正热或过热旅游地	弱形象战略
巩固	热了比较久的旅游地	反促销
停滞	美誉度下降,不再时兴的旅游地	形象危机处理战略
衰落	美誉度低,衰落的旅游地	设计新形象
复兴	重新发展的旅游地	重新定位和形象传播

在乡村旅游地的不同发展阶段,有着不同的旅游形象特征,应当适时地调整旅游形象设计与传播的战略,以适应乡村旅游地发展的阶段特征。

第三节　乡村旅游形象的评价

一、乡村旅游形象评价的内容

(一)旅游形象认知

它是对旅游形象本身的测评,以期了解和研究相关旅游形象为旅游者和潜在旅游者所接受和喜好的程度。它可以指导形象设计者对旅游形象做出修正和改进,包括的具体指标有以下几个。

1. 产品特色

独特性是旅游形象生命力之所在,旅游地形象哪怕是刻意寻求,也要找出与众不同之处来。尤其是资源、市场都存在相似性的旅游地,产品替代性强,更要尽量反映唯我独有的特色,避免与竞争对手针锋相对。

2. 市场价值

市场价值是指乡村旅游形象经宣传和推广后的市场效应,是旅游形象设计的市场价值体现。包括以下两个评价因子。

第一,市场需求。旅游形象在表述方面要反映市场需求,即要反映旅游需求的热点、主流和趋势。

第二,游客心理。旅游形象的设计必须充分了解游客市场的心理需求和偏好。游客与一般商品消费者不同,旅游形象的诉求点具有一定的自身内涵,即旅游口号要体现旅游的行业特征,如强调和平、友谊、交流、欢乐等。

3. 吸引力

旅游形象发布后,首先要能够引起旅游者的注意,一个旅游形象只有吸引了旅游者或潜在旅游者注意,才能够在众多的纷繁复杂的信息中脱颖而出,被旅游者所接受。从市场营销的要求来看,旅游口号必须首先能够打动旅游者的心,激发旅游者的旅游欲望。包括的评价因子有以下几个。

第一,信息传递。要能够引起旅游者的注意力,旅游形象所宣传的信息要有较强的针对性,保证信息的单纯度。旅游形象是对旅游地信息的高度提炼,而不是对其信息的综合,根据认知规律,单纯的信息更易被接受。

第二,关注程度。是对旅游形象信息内容及其表达所能够引起旅游者注意的综合评价。

第三,激发效应。旅游形象对旅游者的旅游欲望的激发能力越强,则其到达目的地旅游的可能性就越大,说明旅游形象越好。

4.整体效应

旅游地形象应是主题突出的完整统一体,而不是碎片的堆积。不能仅仅依靠分析出若干地方特色,拼凑成旅游形象,这样的旅游形象将不是旅游地总体形象,传达出的形象将会支离破碎,缺乏内在同一性。

(二)旅游形象市场反应

旅游形象市场反应是乡村旅游形象设计最直接的价值表现,也是旅游形象战略追求的最终目标,可通过区域旅游市场总量变化和市场份额变化来测量。

1.市场总量

即乡村旅游形象设计给旅游市场总量带来的增长率,可以市场总销售量的增长情况来反映旅游形象绩效。具体的评价因子一般有四个,即国内游客总量及增长率、海外(入境)游客总量及增长率、国内旅游收入及增长率、国际旅游收入及增长率等。

2.市场份额

乡村旅游形象设计给旅游市场份额带来的增长,即区域旅游市场销售量在大区域中所占比重的变化情况。该指标可通过对比,特别指示某一特定区域旅游形象设计对提升该区域旅游业竞争力的贡献程度。

(三)旅游形象管理

乡村旅游部门对旅游形象的管理力度,是乡村旅游形象动态表现的一个重要方面。

1. 形象使用

该指标是对设计出来的旅游形象在各个方面使用情况的评估,可通过以下几个因子进行综合评定。

第一,商标功能。即旅游形象作为商标的使用情况。旅游形象标识作为商标用于区域特色旅游产品,不仅可以凸显产品的地方特色,提升旅游产品的价值,而且可以随着产品的流通进行传播,提高旅游形象的宣传力度。

第二,商品功能。即以旅游形象为核心的商品设计、生产及销售情况。以旅游形象为原型设计出相应的旅游商品,要充分发掘地方文脉,同时具有很强的地方性,通过销售等途径提升乡村区域旅游的整体影响力。

第三,衍生功能。除了作为商标和产品本身以外,旅游形象还可以在多种场所使用,以提升旅游形象效果,如旅游宣传册、相关工作人员名片、标识(Logo)、网站识别、旅游景观建设等方面。

2. 形象发展

旅游形象是动态变化的,要随着市场的变化做出调整,形象的发展是旅游形象绩效提升的一个重要保障。该指标可通过旅游形象发展的资金保障即管理部门用于旅游宣传的资金来评测。

3. 形象保护

形象保护即对设计成果的保护力度,有效的形象保护可以提升旅游形象绩效。对旅游形象进行注册,可以保护其不被其他区域仿制或滥用,从而保护形象的地方特性。

二、乡村旅游形象评价的方法

在乡村旅游形象评价中,可以采用主观乡村旅游形象评价和客观乡村旅游形象评价两种方法。

（一）主观评价法

主观乡村旅游形象评价方法，就是依据旅游形象评价机构所设计的《旅游形象评价指标体系表》进行，由专业旅游形象评价人员或邀请旅游者，根据自己在旅游地获得的主观印象，按《旅游形象评价指标体系表》的旅游形象评价指标进行打分评判。主观旅游形象评价方法的主观性表现为评价指标是预先由评价机构设计的，某些方面带有主观意识。而专业旅游形象评价人员或邀请旅游者的打分评判是客观的，具有测评价值。主观旅游形象评价方法具体测评出旅游形象在游客印象中的深浅度，最后以具体评判得分的高低，分出旅游形象的等级。

（二）客观评价法

客观乡村旅游形象评价方法，要求专业旅游形象评价人员或邀请旅游者，在不带任何预先设计的评价方案的前提下，深入到景区、酒店、旅行社，进行旅游形象评价信息收集，广泛听取游客旅游形象评价信息反馈，在充分调查的基础上，进行旅游形象认可度和满意度分析，归纳形成旅游形象评价报告。

三、乡村旅游形象评价的步骤

乡村旅游形象评估是一个涉及面比较广泛的任务，因此，其实施应该有一个严密、科学的评估程序，才能保证评估工作并然有序地展开，评估结果才具有客观性与权威性。评估主要包括以下四个主要程序。

（一）设立评估机构

乡村旅游形象绩效评估是一项复杂的系统工程，必须设立专门的执行机构，方能保证其按计划推进。评估小组成员一般由旅游管理部门领导和相关专家代表组成。评估小组的职责是领导、组织、协调旅游形象绩效的评估工作,包括评估工作计划的制订、指标体系的设定、经费预算、进度、人员培训等。

(二)建立评估指标体系

评估小组根据目的地自身特点、旅游形象实施进展情况,建立一套较为客观且可操作的指标体系,制定评估指标应遵守科学性和可操作性原则,使形象绩效评估工作能够全面、客观地反映出目的地旅游形象设计实施效果。

(三)资料收集与整理

乡村旅游形象绩效评估依赖于对乡村旅游形象实施情况的调查研究。资料的收集是评估工作的一项十分重要的基础工作。它关系评估结果的客观、准确与否。资料收集可采用访问式、问卷式以及查阅统计资料等方式。资料整理主要指将获得的资料、数据进行分类和统计。在整理过程中,应采用较为科学的分类方法和统计方法,使计算结果客观和可靠。

(四)评价与反馈

利用上述的统计结果,与前期的有关数据进行比较。如果是初次评估,则将统计结果与有关历史数据进行比较,或者与其他地区进行横向比较。如果统计数据优于前期数据或其他区域数据,说明旅游形象较佳,应当对现有形象进行强化;反之说明旅游形象欠佳,并且分析其中存在的问题,对现有形象进行修正。最后将评估中所反映出的问题反馈给乡村旅游形象管理部门,为形象管理部门修改、调整旅游形象计划提出建设性建议。

四、乡村旅游形象评价的指标体系

旅游形象评价有校正和引导旅游形象的建设与发展的作用,需要吸纳旅游心理学、旅游美学、旅游人类学等学科的研究成果,使旅游的发展更符合人的身心需求,符合人的审美与体验需求,提升旅游生活的情调。旅游形象评价是旅游者能直接感知的形象评价,是一种看得见体会得到的形象评价。基于以上思考,通过综合各项评价项目,选取评价因子,形成旅游形象评价指标体系。

　　旅游形象评价指标体系包括旅游资源、旅游设施、旅游环境、旅游安全、旅游服务五个评价项目,17个评价分项目,47个评价因子,基本涉及旅游者构建旅游地形象的主要方面。见表6-2。

表6-2　乡村旅游形象评价指标体系

评价项目	评价分项目	评价因子	得分
旅游资源 （20分）	资源价值 （15分）	观赏游憩优美度（3分）	
		历史文化科学艺术价值（3分）	
		珍稀奇特程度（3分）	
		规模、丰度（3分）	
		景象组合完整性（3分）	
	资源影响力（5分）	知名度和影响力（2.5分）	
		适游期或使用范围（2.5分）	
旅游设施 （20分）	交通设施 （6分）	交通设施完善度（2分）	
		车辆整洁度（2分）	
		停车场规模（2分）	
	住宿设施 （4分）	住宿设施舒适度（2分）	
		客房卫生满意度（2分）	
	游览设施 （4分）	游步道舒适度（2分）	
		休憩节点完善度（2分）	
	服务设施 （6分）	游客中心功能完善度（2分）	
		购物场所整洁度（2分）	
		接待设施满意度（2分）	
旅游环境 （20分）	环境绿化（2分）	植被覆盖率（2分）	
	环境卫生 （4分）	公共厕所、垃圾箱、果皮箱等清洁度（2分）	
		废水、废气、废渣等有害物质排放度（2分）	

续表

评价项目	评价分项目	评价因子	得分
旅游环境（20分）	景区容貌（14分）	道路完好、清洁度（2分）	
		自然景观、人文景物完好度（2分）	
		建筑物协调度（2分）	
		游人游览、休息设施完好度（2分）	
		景点介绍说明牌、标志牌清晰美观度（2分）	
		景区河、湖等水面清洁度（2分）	
		景区工作人员端庄整洁度（2分）	
旅游安全（20分）	环境安全（8分）	环境适宜性（2分）	
		自然灾害发生率（2分）	
		经济救援和紧急医疗救助率（2分）	
		社会打架斗殴发生率（2分）	
	饮食安全（4分）	餐具、茶具消毒合格率（2分）	
		餐饮安全满意度（2分）	
	住宿安全（4分）	住宿安全满意度（2分）	
		住宿物品安全度（2分）	
	旅游设备安全（4分）	交通、机电、娱乐等设备完好度（2分）	
		游览设施安全率（2分）	
旅游服务（20分）	服务态度（4分）	服务态度满意度（2分）	
		有无围追兜售、强买强卖现象（2分）	
	服务水平（4分）	智能服务满意度（2分）	
		服务程度满意度（2分）	
	服务标准（2分）	旅游项目明码标价率（2分）	
	服务质量（10分）	有无特定人群特殊服务（2分）	
		道路通畅度（2分）	
		景区游览秩序（2分）	
		饭店服务满意度（2分）	
		投诉处理质量（2分）	

旅游形象评价指标体系是一个可以实际应用的指标体系,根据评价项目赋值打分评价,得出旅游形象评价分值。以记分的方式,形成旅游形象等级划分。依据旅游形象所有项目评价总分,从高级到低级,将旅游形象分为五个等级。分别是得分值域 $\geqslant 90$ 分,为五级旅游形象;得分值域 $\geqslant 75 \sim 89$ 分,为四级旅游形象;得分值域 $\geqslant 60 \sim 74$ 分,为三级旅游形象;得分值域 $\geqslant 45 \sim 59$ 分,为二级旅游形象;得分值域 $\geqslant 30 \sim 44$ 分,为一级旅游形象。五级旅游形象为品牌旅游形象,四级、三级为优良旅游形象,二级、一级旅游形象则为需改进的旅游形象。

第七章　乡村旅游与生态环境保护

　　乡村旅游与生态环境既相互促进又相互制约,农村生态环境是乡村旅游的根基,没有良好的生态环境,乡村旅游发展就会受到制约;同样,规划不合理的乡村旅游,也会影响到农村的生态环境;而有序发展的乡村旅游则会促进农村生态环境保护,改变乡村地区"脏、乱、差"的面貌。本章主要对乡村旅游与生态环境保护的基本内容进行分析阐述。

第一节　生态旅游环境概述

　　对于乡村旅游而言,环境是其依附的基础,没有高质量的生态环境,也就谈不上乡村旅游的发展。本节即围绕生态旅游环境展开,对生态旅游环境的相关理论知识及其对生态旅游的影响进行具体分析。

一、生态旅游环境的内涵

　　环境是一个内涵和外延都非常丰富的概念。从一般意义上讲,环境就是指环绕某一中心事物的周围环境,亦即围绕某中心事物的外部世界的总称。

　　旅游环境是以旅游活动为中心的环境,是指旅游活动得以存在、进行和发展的一切外部条件的总和,是旅游业赖以生存和发展的前提和基础。旅游环境还包括人文旅游环境,如图 7–1 所示。

```
                              ┌─────────────────┐
                      ┌───────│   旅游生态环境    │
                      │       └─────────────────┘
          ┌──────────┐│       ┌─────────────────┐
      ┌───│ 自然旅游环境 │├───────│   旅游空间环境    │
      │   └──────────┘│       └─────────────────┘
      │               │       ┌─────────────────┐
┌────┐│               └───────│   自然资源环境    │
│旅  ││                       └─────────────────┘
│游  ││                       ┌─────────────────┐
│环  │┤               ┌───────│   旅游社会环境    │
│境  ││               │       └─────────────────┘
└────┘│               │       ┌─────────────────┐
      │               ├───────│   旅游经济环境    │
      │   ┌──────────┐│       └─────────────────┘
      └───│ 人文旅游环境 │┤       ┌─────────────────┐
          └──────────┘├───────│   旅游气氛环境    │
                      │       └─────────────────┘
                      │       ┌─────────────────┐
                      ├───────│   旅游政治环境    │
                      │       └─────────────────┘
                      │       ┌─────────────────┐
                      └───────│   旅游行业环境    │
                              └─────────────────┘
```

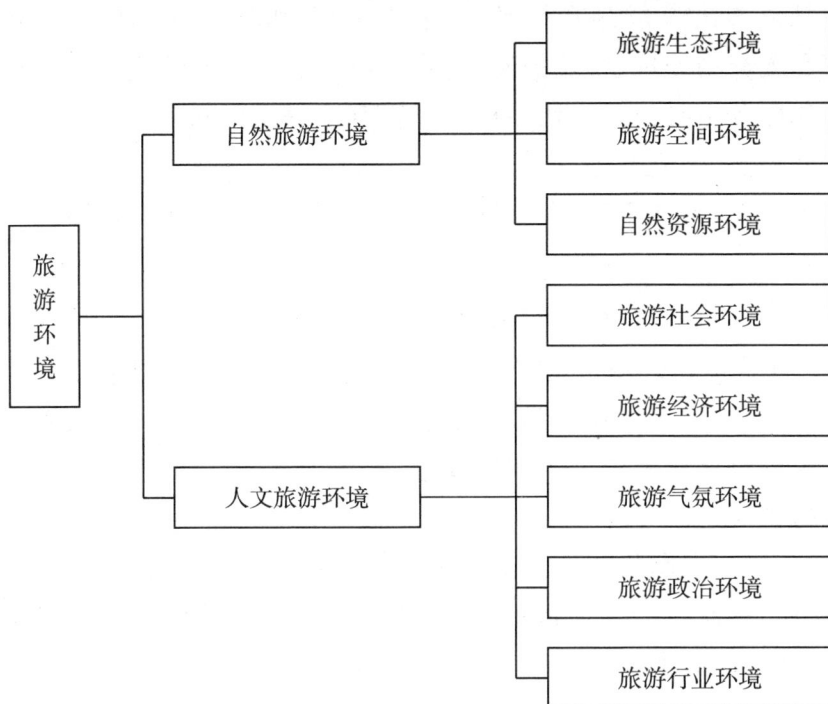

图 7-1　旅游环境的类型

生态旅游环境则是以某一旅游地域的旅游容量为限度而建立的旅游环境,是使旅游环境与旅游发展相适应、相协调,使自然资源和自然环境能继续永续利用,使人文环境能延续和得到保护,创造一种文明的、对后代负责的旅游环境。

二、生态旅游环境的特点

生态旅游环境是旅游环境的重要方面,既有与旅游环境共同的地方,又具有自己的特点,概括起来有以下几个方面。

（一）服务性

生态旅游环境作为综合性的生态系统,其所具有的最基本特点就是生态系统的服务性。生态系统服务的类型主要有调节服务、文化服务和支持服务三种。其中,生态系统的调节服务主要包括调节大气成分和气候、调节水循环、水质净化、有毒物质降解和废弃物处理、疾病控制、有害生物的控制和自然灾害控制等。文化服务主要包括文化多样性和特有性、教育、知识体系、美学价值和灵感、文化传承价值、休闲娱乐价值。支持服务主要包括初级生产力、氧气产生、土壤形成和保持、传粉、营养元素循环。

（二）资源性

生态旅游环境也具有资源性的特点，主要表现在以下几方面。

第一，生态旅游环境容量的有限性表明了资源的稀缺性，如旅游者对草地等植物的直接践踏，破坏了野生动物生存环境而导致的物种迁移等。

第二，生态旅游环境能产生价值表明了资源的有效性。通过旅游开发既可产生经济效益，又能产生让人们松弛紧张情绪、消除疲劳、健身求知等社会效益，促进社会、经济、资源、环境的协调发展。

第三，生态旅游环境的系统性表明了资源的层次性和整体性。生态旅游环境的层次性反映了生态旅游环境的结构和功能，反映出生态旅游环境一定的资源价值性。同时，生态旅游环境也是作为系统存在的，是相互制约、相互联系的一个整体（各个子系统也是相对独立的整体）。

第四，生态旅游环境系统的可变性、可控性表明了资源的可塑性。生态旅游环境具有一定的可塑性，即人类可按一定的目标改造生态旅游环境，对其进行定向培育，从而提高其质量水平。

第五，生态旅游环境具有可利用的多效益性。例如，森林生态旅游环境就具有土地利用效益、提供原料效益、货币收益效益、环境保护与调节效益、风景美化效益等。这是资源尤其是自然资源所具有的明显特征之一。

第六，生态旅游环境具有资源性。一方面提供了能直接利用的生态旅游资源；另一方面提供了生态旅游发展所需要的基础。

（三）容量有限性

在一定时期内,一个生态旅游地开展生态旅游活动后,如果达到或者超出了极限容量,长此以往就会导致生态旅游环境系统的破坏。所以,一个生态旅游环境系统的容量应该是有一个限制的,也就是说,超过某一域值范围,生态旅游环境就会遭受破坏,其系统功能就难以发挥;如果低于这一域值范围,就会导致投入产出比太低,存在是否值得进行旅游开发的问题。要注意的是,生态旅游环境容量并非是一成不变的,随着生态旅游环境系统中的某一个或某几个要素发生变化会产生一些变化。如一个生态旅游地开辟了新的生态旅游景区,增加了新的生态旅游项目等,生态旅游地的旅游环境容量也就会随之变大;如果一地生态旅游环境因污染、战争、自然灾害等种种原因而发生了恶化,其生态旅游环境容量就会减小。

三、生态旅游环境承载力

生态旅游环境承载力应该是生态旅游活动区域内生态系统所能承受的最大生态旅游活动强度。或者说,生态旅游环境承载力是资源和功能的最大自我恢复能力。

（一）生态旅游环境承载力的基本特征

1. 时空分异特征

从时间分布上看,旅游活动具有季节性。由于旅游区的自然生态环境因子、社会经济因子、当地居民的心理因子和管理的适宜性等都随着时间的变化而有规律地变化,因此生态旅游资源空间承载力、经济承载力、社会心理承载力也都随着时间的变化而变化。

从空间分布上看,自然生态环境的生态恢复力、敏感性等特征存在空间差异,社会经济环境和社会心理也存在区域性差异,因此以其为基础的生态旅游环境承载力也具有空间分异特征。

2. 可控性因素与不可控性因素并存

生态旅游环境承载力具有可控性因素与不可控性因素并存的特点,在生态旅游环境承载力之中,资源空间承载力、社会心理承载力刚性大、弹性小,较难调控;而经济承载力、环境管理承载力弹性较大,调控较容易。因此,生态旅游环境承载力增长的瓶颈通常是资源空间承载力与社会心理承载力。

(二)生态旅游环境承载力的类型

1. 生态承载力

生态承载力是指在一定时间内旅游区的自然生态环境不致退化的前提下,所能容纳的旅游活动量,也指生态容量。一般生态环境系统都有一定的纳污自净能力,所以,生态容量的计算取决于一定时间内每个游客所产生的污染物数量及自然生态环境净化与吸收污染物的能力。

2. 设施承载力

设施承载力是以发展因素作为评估参数,利用如停车场、露营区等人为设施的供给量所得出的值。

3. 社会承载力

旅游社会承载力分为旅游感知承载力和社会文化承载力两种。感知承载力是指环境空间不致使旅游者产生拥挤感所能容纳的最大旅游活动量。社会承载力中一个重要的内容是从当地居民角度考虑的社会文化承载力。只有旅游目的地的居民与旅游者双方共同接受和满意的人流量,才是旅游地的合理的环境容量。

四、生态旅游的环境影响

（一）生态旅游对旅游环境的良性影响

1.生态旅游促进区域环境改善

第一，促进生物，尤其是珍稀濒危生物的保护。生态旅游的发展不仅靠经济效益来增加对自然保护的经济支持作用，还增加了人们对生物资源的认识，增强了对生物资源的法律保护。生态旅游是一种可持续旅游，它在满足旅游者需求的同时，也会兼顾当地居民的利益，从而会使当地居民的观念发生转变，尤其是生态旅游给当地带来实际收益时就更是如此。珍稀濒危生物主要分布在自然保护区和自然保护点上，是在人类影响自然生态环境状况下遗留下来的、不可多得的"自然遗产"。由于其生态系统保护良好，景观及环境的美学价值、科学价值高，为人们进行生态旅游提供了极佳的资源与环境。如当地居民不再伐木、打猎，而通过开展森林生态旅游、观赏野生动物等，来维持生存和获得一定的经济收益。

第二，促进水体保护和水体污染的治理。水是自然界中最活跃的物质，是天然景观的基本造景条件，许多风景要靠它来点缀和哺育，还可美化、绿化环境，改良气候，为旅游发展提供丰富多彩的资源条件。而旅游的开发在一定程度上又对水体保护和水体污染治理起到了良好的促进作用。例如昆明滇池水质严重污染，影响了滇池观光、度假等旅游功能的发挥，为此昆明已在滇池畔建立了几座污水处理厂，开通西园隧道、清理草海等，提高了滇池水质。

第三，促进大气环境保护和治理。洁净的大气本身对旅游者就有较强的吸引力，也是旅游环境质量较高的一种体现。大气的污染将会影响旅游区旅游功能的发挥。为此，各旅游地对大气环境极力进行保护，对大气污染进行治理。在我国"争创中国优秀旅游城市"活动中,各个城市开展了各方面的环境美化与治理环境污染,也包括了大气污染的控制和治理。

第四,促进地质地貌的保护。为使旅游业能持续地发展,各国、各地区开展了一些地质、地貌现象的保护工作,如四川九寨沟的钙华景观、武夷山和丹霞山等地的丹霞地貌等。

2. 生态旅游促进区域经济发展

第一,推广绿色经营,开展创建绿色饭店、推广绿色消费的活动;提倡低能源、无污染的交通方式等,促进旅游产业的绿色化,保障旅游业的可持续发展。

第二,提高生态旅游地域知名度,改善投资环境,产生名牌效应,增加无形资产,为社会经济发展提供契机。

3. 生态旅游促进区域社会进步

第一,增加了就业机会,稳定了社会秩序。旅游业直接就业与间接就业的比例是1∶5。生态旅游是兼顾当地居民利益的可持续旅游形式,可解决当地居民的大量就业问题。

第二,提高了人们对可持续发展的认识,让人们自觉接受可持续发展理念,促使人们从被动保护生态旅游资源和环境转变为积极主动保护生态旅游资源和环境,为社会经济可持续发展奠定基础。

第三,生态旅游者热爱自然、保护自然的潜移默化的影响提高了生态旅游区居民的素质,提高了当地居民生态保护的自觉性,使其自觉改变生产方式、生活方式等,促进了生态旅游区居民文明素质的提高。

第四,促进生态旅游区政治环境改善,提高管理水平和技能。生态旅游要求较高的管理技能水平,要求充分运用高新技术进行管理,使其管理技能和水平得到迅速提高。

第五,促进生态旅游区民族文化的发展。生态旅游中民族文化生态旅游的发展促进了民族文化资源的挖掘、整理、继承、保护和发扬,实现了民族文化资源的价值,促进了区域文化生态的发展。

（二）生态旅游对旅游环境的不利影响

生态旅游活动对生态环境固然较传统旅游方式有着更多的良性影响，然而也会产生一些不利影响，如规划或管理不当，也有可能造成更大的危害。

1. 生态旅游对自然生态环境的不利影响

第一，生态旅游开发对地质地貌的影响，主要表现为对动植物生境的破坏、土壤侵蚀、土壤紧实、土壤结构稳定性破坏、生境改变、有机物循环破坏、生物多样性减少等。

第二，生态旅游开发对植物的影响。兴建宾馆、停车场或其他旅游设施，大面积的地表植被被移除，甚至还从外地搬来其他土壤进行填土，更换植被最严重的要属高尔夫球场的建设。游客观赏自然风景区后，势必产生植物群的改变，即使是轻度的使用，有时也会造成重大的变化，往往会引起一系列的相关反应，因为只要游客一踏上公园或绿地，他的双脚就可能施压于植物身上。游客双足的负面效应不只局限在陆地生态系统中，在其他生态系统中也有体现。潜水员鸭脚板搅动起来的沉积物使得珊瑚礁受到损害。采集也是对植物的一种伤害行为，对鲜花、苗木和真菌等的采集，会引起物种组成成分变化。

第三，生态旅游对野生动物的影响。对野生动物影响包括：对动物生活习性的影响和破坏，如进食习惯、哺乳习惯的改变，以及掠食者与被掠食者之间关系的破坏；照相也会给野生动物带来压力，如减少了动物生育的成功率等；旅游工具会对野生动物产生影响，如观光船只在鸟类群集的地方会影响鸟类习性，在海洋中会影响鲸龟等的生活空间等。

第四，生态旅游对水体环境的影响。随着度假旅游活动的日益兴盛，各式各样的水上运动，如水上摩托艇、划船、踩水、游泳、垂钓、跳水、潜水、驾驶帆船等，给水体环境带来了极大的冲击。很多水边地区，如海滨、泉点、河边等地为发展旅游业而修建度假村、休闲中心,其餐厅、宾馆可能会排出大量废水,其中的化学物质、毒性物质将危害海岸生物生存,危害生态环境。

第五,生态旅游对大气环境质量的影响。旅游宾馆、饭店是任何旅游形式都必需的生活服务设施,对大气的污染源主要是供水、供热、供能的锅炉烟囱、煤灶的排气,旅游区域小吃摊点排放的油烟等。汽车、轮船、火车等交通工具,尤其是汽车所排放出来的一氧化碳、氮氧化物、碳氢化合物和铅化合物等。垃圾等固体废弃物有机含量高,如处理不当,会滋生细菌和病菌,增加大气细菌。旅游者呼吸释放的二氧化碳、水汽并携带病毒和细菌,吸烟增加的二氧化碳和烟雾,使用电子设备释放出的大量正离子,装修释放的有害物质、取暖散发出来的一氧化碳、二氧化硫、烟尘等。

2. 生态旅游对旅游区社会环境的不利影响

第一,生态旅游者涌入可能会导致社会关系紧张。曾发生过旅游区居民烧毁旅游设施以对抗旅游者的涌入的事件。

第二,生态旅游开发可能导致当地居民生活方式和价值观念的改变。一些人开始"一切向钱看",没有了社会友谊;也有一些人因自己的劳动收入不及旅游从业人员多,开始怀疑自身价值,不再重视掌握文化知识和专业技术等;一些人对自己的传统生活方式不满,先从装束打扮和娱乐等开始模仿,继而刻意追求高消费,最终出现赌博、投机诈骗等丑恶现象。

第三,生态旅游发展可能会导致政治信仰危机和社会危机。在与旅游者交往中,一些思想单纯、意志力不强的人开始怀疑、动摇自己的政治信仰,产生崇洋媚外的思想,进而盲目追求经济利益,产生不爱家乡、不爱祖国等政治信仰危机。同时,使生态旅游区家庭或多或少出现了一些变化,如老年人被遗弃和隔离、离婚率上升、社会犯罪增多等社会危机频发。

第四,生态旅游者涌入可能导致人流拥挤、道路拥挤,特别是在道路的出入口、核心区域、停车场等,使当地居民正常生活受到严重的影响。

第五,生态旅游者亦可能导致疾病流行,特别是像艾滋病等不易觉察和检查的疾病;旅游者所遗弃的垃圾等也会滋生某些疾病。

第六,生态旅游社区不为当地居民所接受,旅游者又被当地社区所包围,不能融合造成社区隔离。

第七,生态旅游可能会造成某些视觉污染,如旅游者乱丢废弃物、乱涂乱画,旅游设施与当地自然环境等不协调,建筑设计缺乏生机和活力,等等。

3. 生态旅游对旅游区文化环境的不利影响

第一,民俗文化的同化。原来的民族文化特征在内部和外部因素的作用下逐渐消失,被异族异地的文化取代。

第二,民俗文化的庸俗化。在发展旅游业、开发民俗风情旅游的过程中,容易出现对淳朴民情风俗的亵渎和歪曲,从而使民俗文化庸俗化。

第二节　乡村旅游与农村生态环境的互动关系分析

现代乡村聚落是社会主义新农村建设的重要组成部分,是具有中国现代意义上的新型村镇建设,是中国城乡一体化过程中不可替代的一环,无论在空间层面上还是内涵层面上都应该独具特色。在 21 世纪的今天,建设社会主义新农村的重大决策为农业旅游在我国农村更好更快地发展开辟了广阔的天地。

乡村生态旅游环境的内涵是指乡村生态旅游活动赖以开展的乡村自然生态环境和乡村人文生态环境。在地方乡村旅游发展过程中,根据生态环境"尺度"的不同,可以把乡村旅游生态环境划分为宏观生态环境和微观生态环境两个部分。宏观生态环境是指反映乡村特色的大尺度的景观以及这些景观在乡村地域的整个空间结构和格局。如地形地貌、海拔高度、区位、环境地质灾害、土壤母质类型、气候生产潜力属性、有无河流、农村用地结构等。微观生态环境是指由乡村的人居环境,包括村容村貌、旅游接待设施卫生状况、建筑材料和风格、旅游设施的形象标识等要素形成的具体物化生态环境。随着乡村旅游产业的不断发展,越来越多的人认识到,良好的生态环境是发展乡村旅游的重要物质基础,乡村旅游业的健康发展又会对生态环境产生积极的影响,二者是相互促进、辩证统一的。和一般旅游环境一样,乡村生态旅游环境应明显高于、优于一般乡村环境质量,乡村生态旅游环境在时间和空间上具有较强的变化性。不同的季节,乡村地域出现不同的耕作景观和作物景观;不同的土地类型,分布有溪流、池塘、水田、旱地,景观丰富程度较高。

一、乡村旅游与农村生态环境的正向关系

(一)促进乡村旅游参与者生态环保意识的提升

对政府与乡村社区居民来说,良好的环境能吸引更多的旅游者,也将为当地带来更好的经济效益和社会效益。因此,为了促进乡村经济发展和农户就业增收,作为利益相关者的地方政府和社区居民自然会高度重视乡村旅游资源和自然生态环境的保护。

对游客来说,在旅游活动过程中也得到了相应的生态环境熏陶和感染,在乡村自然生态环境中,导游员的生态解说、景区各类生态环境保护标志的醒目提示、生态保育守则等,都会加深游客对生态环境保护重要性的认识、对生态责任和生态伦理意识的认知。

(二)促进乡村环境面貌的改善

很多省份都在积极主动探索并建设具有本土特色的美丽乡村,而运用生态文明的理念推动美丽乡村建设就是最有效的途径。受提升乡村旅游竞争力和经济效益驱动,乡村旅游地政府和

社区往往会结合新农村建设,持续增加乡村旅游地环境整治和维护的资金投入,从而使乡村旅游具有了促进乡村自然生态环境改进和乡村村容村貌改善的社会功能。如农村交通条件不断改善,乡村旅游地基本实现了村村通公路。一些地方为了发展乡村旅游,积极翻修或新建住房,改水、改电、改厨、改厕,对村镇进行科学规划。社区居民在村落道路两旁植树,在自家庭院种花种草,美化家园,努力营造出更加清新、优美的村容村貌。

（三）激发农业的生态功能

随着乡村旅游的发展,休闲农业、观光农业等新的业态也蓬勃发展起来。旅游者通过各种农业体验活动,不仅满足了亲近土地、亲近自然的愿望,还促进了绿色农业的发展。而随着农村经济实力不断增强,地方政府和农民也会加大对乡村旅游环境的打造和资源的整合,注重对农业生态环境的保护与合理开发,提高资源环境质量,促使农业生态系统良性循环,创造良好的农村生产生活空间。这是一个良性的循环。

二、乡村旅游与农村生态环境的负向关系

但由于经济发展水平较低,加之城乡差距较大,我国大部分地区乡村环境,特别是农舍旅游环境状况不容乐观。

（一）加大农村地区的污染负荷

由于过去长期实行城乡二元结构的区域发展政策,重城市轻农村,导致农村环保欠账多,农村环境基础设施严重滞后。

第一,我国尚有大量县级以下的城镇（一般统称为小城镇）不具备污水处理能力,据统计,我国建制镇的污水处理率约为30%,村庄的污水处理率只有8%。小城镇未处理而外排的污水总量为城市和县城总量的总和,村庄未处理而外排的污水总量是城市未处理污水总量的1.5倍,其污水处理率远低于县城及以上城市的水平。

第二,农村地区垃圾处理收运体系建设刚刚起步,仍存在很多不足,特别是在垃圾处理设施建设与运行、垃圾清扫保洁及收运体系常态化运行机制等方面,任务仍然艰巨而繁重。游客和交通工具大量进入乡村旅游地,伴随产生大量的生活污水和各种垃圾,如各类塑料制品及包装物、剩茶剩饭、瓜果皮核、人畜禽粪便等污染物,对于垃圾收运、污水处理系统薄弱的乡村而言,无疑不堪重负。

（二）不合理的开发行为带来生态破坏

为追求短期经济效益,乡村旅游经营者往往急功近利,不能因地制宜进行开发,乱采滥伐,导致植被破坏,生物多样性减少,生态平衡遭到破坏。

第一,一些地区为了打造人造景观,挖湖堆山甚至模仿城市园林绿地的造景手法,对原有的地形、地貌及植被、物种等大肆破坏,导致水土流失、生物多样性减少等一系列生态环境问题。

第二,有些为了迎合旅游者的需求,非法使用甚至破坏当地动植物资源,导致珍禽异兽被大量捕杀,林木被伐,造成当地动植物种类减少,生态结构失调。

第三,一些乡村居民只考虑商业利益,为满足日益增多的城市游客品尝农家菜的餐饮需要而在土地上大量使用添加剂、农膜等,实施反季节种植,造成了土壤板结和土壤质量下降。

第三节　乡村旅游生态环境保护的几点思考

乡村旅游以具有乡村性的自然生态资源为基础,只有切实保护好这些资源,如新鲜的空气、洁净的水体、绿意盎然的花草、干净卫生的绿色蔬菜等,才能使游客在欣赏优美的田园风光、体验乡村民俗生活的过程中,满足其体验自然、爱护自然、融入自然的情感需求,才能实现乡村旅游的可持续发展。

一、按照生态文明的理念发展乡村旅游

面对资源约束趋紧、环境污染严重、生态系统退化的严峻形势,必须树立尊重自然、顺应自然、保护自然的生态文明理念,把生态文明建设放在突出地位,融入经济建设、政治建设、文化建设、社会建设各方面和全过程,努力建设美丽中国,实现中华民族永续发展。加快乡村旅游开发建设,就是按照生态文明要求,在尊重自然的基础上,顺应自然、师法自然,以生态学的原则指导乡村旅游的可持续发展,突出自然景观的特色和风貌,减少人为破坏,提高乡村旅游的竞争力。要实现这一点,应从以下几方面入手。

(一)培养提升乡村旅游参与者的生态环保意识

首先,要积极开展农村居民生态环境教育。乡村旅游的发展会带给社区居民一种环境保护意识,这一点是强化社区居民保护生态环境意识的基础和条件,乡村旅游的开发者要充分利用这一点,让乡村旅游变成保护乡村生态环境的有效手段和重要渠道。

其次,要引导当地居民制定与环境保护有关的乡规民约,采用包括经济、技术、政策、法律法规等多途径的手段,综合提升乡村旅游业主的生态环境意识。

最后,要发挥乡村旅游内在的生态环境教育功能,引导和鼓励游客学习和掌握乡村生态环境知识,增强游客对乡村旅游资源和生态环境保护的自觉性,使游客在情感上爱护自然环境,在行动上保护自然环境。

（二）加强对自然生态系统的规划保护

乡村旅游规划应尽可能地保留农村原有的资源地理自然的形态、生物的多样性及人与自然生物之间的紧密不可分离的共生共存的关系。乡村旅游需要的不仅是一朵吸引游客的花朵，更是需要寻找和造就一片适合花朵生长的土壤。要想旅游可持续发展，就不能违背自然规律。

二、建设干净整洁的农村人居生活环境

全面整治农村卫生环境，治理生活垃圾和生活污水污染，这是建设美丽乡村最首要的任务，也是发展乡村旅游的基础条件。将城市环卫机制引入农村，建立农村环境卫生长效管护机制，落实好人员、制度、职责、经费、装备，探索建立政府补助、村集体和群众为主的管护机制，使农村人居卫生环境治理常态化，努力通过人居生活环境提高乡村旅游的竞争力。具体来说，应从以下几方面入手。

（一）建立农村垃圾收集处理系统

首先，要建立和完善"户收集、村集中、镇转运、县处理"的农村生活垃圾收运处理模式，加快县（市、区）垃圾无害化处理场、镇转运站、村收集点的建设。

其次，引导农民对生活垃圾分类减量就地消化，将有机易腐垃圾通过堆肥或沼气池就地处理，对医疗垃圾回收处理，强制回收农药瓶、塑料地膜等生产资料废弃物。

再次，统一规划垃圾存放点，严禁在公路两旁建造大型露天垃圾围池，严禁将垃圾倾倒在河流、沟渠、山塘水库中。

最后，在乡镇转运站采取分类处理，配套建设有机易腐垃圾处理设施，产生的有机肥料还林还田；加强对废纸、玻璃、金属等可回收垃圾的资源化再利用，实现农村垃圾的资源化、无害化和

垃圾处理产业化。

（二）有效处理生活污水

污水处理要因地制宜,科学处理。人口密集的乡镇,都应兴建标准化污水处理厂,确保生产生活污水达标排放。城镇周边村庄,可以充分利用城镇污水处理设施,把污水统一到城镇集中处理,实现城乡一体化处理。村庄集中、经济条件好的地区,管道布置投资小,采用集中处理。村庄分散、山区农村以及经济条件较差的地区,宜采用分散收集、分散处理。分散处理可根据实际条件采用"分散式、低成本、易管理"的处理工艺,鼓励采用投资较少、运行费用较低的生物滤池、强化人工湿地等处理方式。加快卫生厕所建设,兴建"化粪池",有效处理人畜粪便。

三、营造洁净优美的乡村水环境

农村水环境是指分布在农村的河流、湖泊、沟渠、池塘、水库等地表土壤水和地下水体的总称。水环境是人们生活、生产和居住的必要条件,是形成乡村景观外貌、塑造乡土风情的重要因子,也是乡村旅游竞争力的重要考核方面。但如果肆意改变乡村原有的自然水系结构,以控制水而不是尊重水的心态进行水环境治理,势必增加水环境安全压力,加速水土流失,破坏溪流、水塘的生物生存环境,大大削弱水体自我净化能力和降解减毒能力,乡村生态环境和文化景观也会遭到严重破坏。因此,乡村治污必先治水。

（一）河道整治

在村庄河道整治中,要尽量保持河流自然本色,保持自然河岸的蜿蜒曲折,尽量少截弯取直,这样做可以体现水体自然优美的曲线。杜绝或减少水泥护堤、衬底,多用和推广生态护坡,在坡度较缓或滩地较大的河道,主要采用植被保护河堤,如种植柳树、芦苇等喜水性的植物,利用它们发达的根系来达到稳定河岸的目的。此外,对于破坏、腐蚀较为严重的堤岸,还可以采用天然石材、木板或竹料等护堤,加强堤岸的抗冲刷能力。

(二)滨水区域整治

在滩地较小,设计洪水标准频率较高的滨水区域,在自然型护堤的基础上,依据当地水位变化的实际情况建设梯级驳岸,岸边因地制宜进行生态绿化。

(三)水塘整治

农村水塘也是农村湿地系统的重要组成部分。在乡村旅游开发过程中,首先应禁止填、挖各类坑、塘,以适度清淤、生态护岸等治理水塘;其次,根据生态规律,遵循物种多样化,再现自然的原则,综合考虑湿生、水生植物的特性配置植物,形成坑塘湿地生态系统;最后,构建线状和点状自然景观,充分发挥河道、池塘的综合功能,实现"水清、河畅、岸绿、景美"的美好景象。

四、建设生态乡村

乡村的绿化是最能体现宜居的要素,因此,要绿化、美化生态乡村,以提高乡村旅游竞争力。要做到这一点,应从以下几方面入手。

(一)保护好自然植被

加大林业生态保护力度,严禁乱砍滥伐,保护现有生态植被。实施退耕还林工程,绿化荒山荒坡,提高森林覆盖率。

(二)绿化村庄环境

坚持生态化、多样化的原则,村庄广种绿化树、经济林、土壤保护林,营造绿色氛围,住宅间要以草坪、灌木及农作物为主,营造视觉绿意。

道路绿化综合考虑道路等级、性质、地形、植物等各种因素,科学选择道路绿化植物,景观上要有层次。车道中间绿化带种植低矮花灌木,路侧结合绿化带种植乔木,在道路和绿地设计时形成地势高差,以达到水分补给的目的。

此外,要做好对古树名木和大树的保护管理工作,严禁人们砍伐、买卖古树名木和大树。

（三）美化农家庭院

对分散居住的农户,鼓励他们在自家庭院内种植各种树木花草、瓜果蔬菜,有条件的话还可以适当设置一些健身器具或者放置一些景观小品等,美化自家庭院,发展庭院经济。通过生态美化建设,实现村庄园林化、庭院花园化、道路林荫化。

五、发展生态农业 打造美好田园

所谓生态农业,就是根据生态学原理,遵循生态规律,因地制宜地在传统农业精耕细作的基础上应用现代科学技术建立和发展起来的一种多层次、多结构、多功能的综合农业生产体系。生态农业可以充分发挥农业的生态功能,营造优美宜人的生态景观,调节环境,平衡生态,构建充满生机与活力的人与自然相协调的自然生态环境。通过发展生态农业,可以创建一批生态园林区、绿色食品生产园区及景观农业区,具体可以从以下几方面入手。

（一）在农田景观方面

农田景观方面,如梯田景观、山间种植景观等,可以从农作物种植布局方面做文章,根据农作物和花卉的种类、颜色(包括枝叶、花卉和果实的颜色)、生长期以及躯干的大小高低等进行合理配置,力求做到乡村田野"时时有景,处处是景,景随人变,人随景动"。

（二）在山地乡村景观方面

在山地乡村景观方面,可以对村落周边的森林进行人工干预,定期适当间伐树木,使光线更加便利地到达地面,再通过引水建造水田等培育多样性的动植物,以实现水田农业与林业的互利共生。

（三）在草地产业方面

草地产业集生态、绿色和环保于一身。所以,营造农业景观,还要大力发展草地产业。一方面,草地产业一头连着种植业,一头连着畜牧业。在饮食结构向肉蛋奶消费比例越来越高的情况下,还可以增加农民收入,取得经济效益和生态效益。另一方面,在荒坡、荒地种草可有效地改善水质,净化空气,防风固沙,提高土壤肥力,可成为与防护林工程建设配套并举展开的环保产业。例如,苜蓿这类草本植物可以有效地涵养水源,防止水土流失,在干旱、半干旱和严重缺水的黄土高原、荒漠地带也适宜种植。

第八章　基于社区参与的乡村旅游与乡村旅游从业人员培养

基于社区参与的乡村旅游是一种独特的乡村旅游发展方式，其以乡村社区具备的独特生态环境和地方文化为基础，由社区农民广泛参与并发挥主导作用，其目标是培养村民的能力和实现当地的可持续发展。而在乡村参与的过程中，旅游从业人员是十分重要的因素，他们的素质是旅游业的窗口，代表了旅游景区的形象。因此，要加快乡村旅游经济的发展、提高乡村旅游的形象，就必须加强对乡村旅游从业人员的教育与培养，以不断提高乡村旅游从业人员的素质，推动乡村旅游的发展。

第一节　社区参与的相关研究

一、社区参与旅游的相关概念

（一）社区

关于社区的定义，有很多不同的表述。

美国学者帕克在其著作《城市社会学》中认为，社区是"占据在一块被或多或少明确地限定了的地域上的人群汇集"，"一个社区不仅仅是人的汇集，也是组织制度的汇集"。这些组织制度包括：生态体制，即人口和组织的地理分布；经济组织，即社区中的企业组织及其所构成的经济结构；文化和政治体制，即约束社区成员、组织的规范体系。

美国学者戴伦·波普诺在其著作《社会学》中认为，"社区是指在一个地理区域围绕着日常交往组织起来的一群人"。

日本学者横山宁夫在其著作《社会学概论》中认为，"社区是具有一定的空间地区的综合性的生活共同体"。

克里斯滕森和罗宾逊从心理学角度来考察，认为社区是一群居住在同一地理位置、具有心理认同、彼此互动的人群。

麦克米兰和查韦斯则侧重于从文化观念角度来考察，认为社区是人们的共同归属，有一种把人们连接起来的情感、共同的理想和承诺。

中国社会学家费孝通在《社会学概论》中提出："社区是若干社区群体（家庭、民族）或社会组织（相关团体）聚集在一地域里形成一个在生活上互相关联的大集体。"

社区不能脱离社会而独立存在，社区这一社会生活共同体只是聚居在一定地域范围内的人们，社区之间存在着差异性，每个社区都有自己的个性与特色。

从上述定义不难发现，构成社区的基本要素包括以下几个方面。

第一，地域要素，社区是一个相对稳定的人文区位意义上的地域。

第二，人口要素，社区要具备一定规模的人口。

第三，结构要素，社区包括许多不同的以横向分布和联系为主要特征的社会群体和组织。

第四，社会心理要素，社区居民在一定程度上具有共同的文化心理和行为方式。

第五，生态要素，社区必须具备一定的地理条件和资源条件。

特定的自然环境和人口相结合，产生了特定的生产方式，围绕这种生产方式，形成了特定的社区组织结构和文化。这种环境和文化共同成为社区旅游的资源基础。乡村旅游更加关注由自然环境、人口、组织和文化相互作用而形成的社区景观。

（二）乡村社区

乡村社区是一定地域范围内，以村落集镇为中心地，具有一定互动关系和共同文化维系力的人口群体，并进行一定的社会活动的社区类型。对乡村社区内涵的理解大致有以下几种。

第一，强调血缘关系。认为乡村地区有血缘关系的一群人聚居构成一个乡村地区。

第二，强调地缘关系。认为在一个特定的地区范围内共同生活的人们可构成一个乡村社区。

第三，强调业缘关系。主张一群从事农业的人聚居在一定地域内，即可形成一个乡村地区。

第四，强调认同感。认为乡村社区是指大多数社区成员都自认为属于它的地理区域。

乡村社区是世界上地域分布广、数目众多、各具特点的社区类型。具体而言，按照规模的大小可以将乡村社区分为以下三种。

第一种，自然村落。一个村庄就是一个乡村社区的情况比较常见，甚至可以说是我国乡村社区最普遍的形态。村落作为农民的聚居地，包含着他们的多种社会关系，是他们参与社会生活的基本场所，因而成为乡村社区的最基本单元。

第二种，集镇。集镇是比普通村庄高一层次的社会实体，是人口聚居规模稍大，并有一定的工商服务设施和集市的乡村社区。主要包括乡（镇）政府所在地以及那些规模较小、农村特点比较明显的建制镇。

第三种，集镇区。集镇区是指以集镇为中心，连同周围的若干小村庄及散居的农家共同组成的一个乡村社区。它是当代某些发达国家乡村社区的主要形态，也是我国乡村社区的形态之一。在某些发达国家，由于孤立的农场和狭小的村庄缺乏现代化的生产、生活设施，不能满足居民的基本需要，于是居民们把社会生活的基本场所扩展到居住地附近的集镇，他们或者白天在集镇工作，晚上回村里歇宿，或者几乎天天去集镇买卖东西，参加社会文化活动,并逐渐产生了对集镇的归属感。这样,集镇连同周围的村庄及散居的农家便构成了一个乡村社区。在我国,这类乡村社区大都出现在经济发达地区。

与城市社区相比,乡村社区具有鲜明的地域特征,较好的自然生态环境,低人口密度,以农业生产为主要形式的经济结构,以传统生活方式和价值观为特征的社区文化等。乡村社区的这些特征为开发乡村旅游提供了基础。

(三)旅游社区

从理论上说,社区只分为城市社区和乡村社区。但是当旅游产业占据世界产业布局中的重要地位,旅游休闲更多地进入百姓日常生活成为常态内容与方式时,提出旅游社区作为旅游产业集聚的载体和模式,成为人类社会的第三种社区,其意义是十分重大的。社区是以旅游活动为纽带联系当地居民和旅游者的特殊社区。首先,旅游社区是一个空间概念,是投射到具体空间位置的具体存在。其次,旅游社区是一个旅游概念,具有传统意义上社区的一般性特征,同时又需要依靠旅游文化的力量进行维系。最后,旅游社区是一个社区概念,旅游社区功能体的运转离不开当地居民,没有当地人的参与,旅游社区就不会存在。

随着工业化、城市化进程的不断推进,人口越来越向城市集中,对乡村旅游的需求与日俱增。乡村在地理空间上具有相对独立性,传统乡村社区的生产、生活、生态环境与客源地(城市)差异巨大。因此,有很多传统的乡村社区正在向旅游社区转型。

(四)乡村旅游与全域旅游

全域旅游是指各行业积极融入其中,各部门齐抓共管,全城居民共同参与,充分利用目的地全部的吸引物要素,为前来旅游的游客提供全过程、全时空的体验产品,从而全面地满足游客的全方位体验需求。这一点与社区全员参与旅游有很大的共性,可以为乡村旅游的发展提供新的思路。

推进全域旅游是我国新阶段旅游发展战略的再定位,是一场具有深远意义的变革。从景点旅游模式走向全域旅游模式,具体要实现九大转变。

第一,从单一景点景区建设和管理到综合目的地统筹发展转变。破除景点景区内外的体制壁垒和管理围墙,实行多规合一,实行公共服务一体化,旅游监管全覆盖,实现产品营销与目的地推广的有效结合。旅游基础设施和公共服务建设从景点景区拓展到全域。

第二,从门票经济向产业经济转变。实行分类改革,公益性景区要实行低价或免费开放,市场性投资开发的景点景区门票价格也要限高,遏制景点景区门票价格上涨势头过快,打击乱涨价和价格欺诈行为,从旅游过度依赖门票收入的阶段走出来。

第三,从导游必须由旅行社委派的封闭式管理体制向导游依法自由有序流动的开放式管理转变。实现导游执业的法制化和市场化。

第四,从粗放低效旅游向精细高效旅游转变。加大供给侧结构性改革,增加有效供给,引导旅游需求,实现旅游供求的积极平衡。

第五,从封闭的旅游自循环向开放的“旅游+”融合发展方式转变。加大旅游与农业、林业、工业、商贸、金融、文化、体育、医药等产业的融合力度,形成综合新产能。

第六,从旅游企业单打独享到社会共建共享转变。充分调动各方发展旅游的积极性,以旅游为导向整合资源,强化企业社会责任,推动建立旅游发展共建共享机制。

第七,从景点景区围墙内的“民团式”治安管理、社会管理向全域旅游依法治理转变。旅游、公安、工商、物价、交通等部门各司其职。

第八,从部门行为向党政统筹推进转变。形成综合产业综合抓的局面。

第九,从仅是景点景区接待国际游客和狭窄的国际合作向全域接待国际游客,全方位、多层次国际交流合作转变,最终实现从小旅游格局向大旅游格局转变。这是区域发展走向成熟的标志,是旅游业提质增效和可持续发展的客观要求,也是世界旅游发展的共同规律和大趋势,代表着现代旅游发展的新方向。

全域旅游的一个发展核心是尽可能多地争取旅游目的地的居民参与到旅游业中来,从事服务、经营等环节,帮助旅游目的地居民获取更多的利益。同时,全民参与之下营造出热情、好客的旅游氛围,提升游客的旅游体验,满足游客的多方面需求。基于此,打造新型城镇化与美丽乡村模式,就成为全域旅游与乡村旅游结合的一个重要思路。在实施的具体过程中,首先是先在区域范围内挑选几个有突出特色的城镇的乡村,对其优劣势进行分析,打造其独特的旅游形象,并将其作为该种模式行进的切入点和突破口,按照"城乡一体、区域协调、城乡均衡、基本服务均等化"的原则,构建"向心发展、组团布局、统筹融合"的城镇发展体系,从全域产业布局、生态环境、公共服务、综合交通、基础设施、信息与社会管理等方面构建全域城镇化发展的支撑体系,着力打造集现代新城、活力新区、特色新街、优美新居于一体的新型城镇化结构,加快城乡一体化发展。

二、社区参与乡村旅游的内容

(一)参与旅游发展决策

任何旅游决策性方案都要经过各方论证、研究,还要对旅游引发的问题进行协商,要确保社区居民拥有参与决策。参与旅游发展决策具体包括授权居民自行决定旅游发展目标,倾听居民对发展旅游的希望与看法,并将这些意见纳入政府的决策之中。社区参与乡村旅游发展的决策是具有科学性和必要性的。

首先,让居民参与旅游发展决策是坚持可持续发展的思想。

发展旅游事业不仅是为了使旅游者获得精神上的满足,同时,也是为了让社区居民获得更多的利益,也需要增加旅游企业的效益,当然也要有利于政府的税收。参与利益分享的各方共同形成伙伴关系,利益共享、责任共担,共同促进旅游业的健康、协调、持续发展。

其次,让居民参与旅游发展决策是对旅游吸引系统的科学把握。因为现在在旅游行业里,虽然景观资源还是旅游业的基础,但是居民及他们所代表的文化也日益成为旅游吸引系统的重要组成部分。已有研究表明,旅游地若能够充分考虑居民要求使其获得经济利益和心理自豪,居民就会表现出支持旅游进一步发展的倾向,而且也会以更为积极的姿态继续参与旅游发展;反之则相反。另外,还要考虑社区内所有涉及旅游的部门的利益,吸收他们对旅游发展的意见和建议。

（二）参与旅游发展带来的利益分配

社区居民参与旅游发展带来的利益分配,这与参与旅游发展决策相辅相成。社区居民既能够分享旅游带来的利益,又有机会参与旅游发展决策。

居民能够分享到旅游带来的利益,就有机会参与旅游发展决策,有时这种情况也是在不自觉状态下进行的。如从事旅游经营活动而上缴给政府税金的居民,会受到政府当局的重视,主动征求居民的意见,进而采取反映社情民意的措施。居民经济地位的抬升,也意味着其发言分量的加重。反过来,参与旅游决策的多层面和高强度也更容易使居民获得受益的机会。主要包括不断增加居民的就业机会和商业机会;保证本地居民优先被雇用的权利;旅游商品尽量采用本地原料进行加工;向居民开放为旅游者而兴建的服务设施和环保(回收水和废水处理等)设施。

（三）参与有关旅游知识的教育培训

社区参与有关旅游知识的教育培训主要包括以下两个方面的内容。

首先，为提高社区居民的旅游意识和环境观念而进行的培训，培训主要由旅游行政管理部门或者行业协会来主导的。通过培训，要让社区居民产生主动爱护环境的意识。

其次，为增强居民在旅游发展中的生存能力和技能而进行的培训，在这方面的培训中，培训主体可以是多元化的，包括旅游行政管理部门、旅游企事业单位等。居民参与教育培训与参与利益分享是相辅相成的，目标上是一致的。

三、社区参与乡村旅游的机制

所谓机制即系统内各要素之间相互作用、相互联系、相互制约的原理和方法。一个良好的机制能够实现系统结构的优化，从而保证系统功能的充分发挥。旅游的可持续发展犹如一个宏观系统，在这个大系统中，社区参与是不可或缺的环节，是民主思想和民主意识在旅游发展和规划中的体现。乡村旅游社区参与机制主要包括以下几种。

（一）经济参与机制

经济参与机制主要包括两种方式：一是让居民以经营者的身份参与经营吃、住、行、游、购、娱等乡村旅游项目，这样可以切实提高居民的收入，使其可以从旅游开发中获得最直接的经济效益；二是以企业员工的身份参与企业组织的民俗文化表演，或以管理者、服务人员的身份参与乡村旅游企业的运营活动。这种机制让居民真正体会到自己是企业的所有者或企业的劳动者，使其成为与旅游企业风险同担、利益均沾的利益相关者，让居民真正有了主人翁地位，进而积极参与决策，自觉维护其赖以生存的乡村旅游资源,达到保护资源和生态环境的目的。

（二）决策咨询机制

成立村民会议和管理小组或者社区居民与旅游相关主体（主管部门和企业）的联席会议,定期开会商讨乡村旅游发展相关问题,进行乡村旅游事务的具体沟通和协调工作。具体而言,咨询活动有以下几种。

1. 旅游发展决策咨询

包括旅游发展的指导思想、目标、途径等战略问题。虽然村民受自身素质限制,参与能力有限,但至少在宏观概念上可听取他们的意见和看法,以便获得他们的支持。

2. 旅游发展具体思路咨询

包括旅游业六大要素的安排及各自之间的相互配合与协调。社区居民长期与旅游者接触。能够得到最详尽和最直接的一手资料,能够为决策者提供有用的信息。

3. 旅游发展引发问题的咨询

社区居民是旅游最直接的被影响者,因此,应该让他们发表自己最关切的问题,表达自己的意愿,包括环境、经济、社会、文化等方面的问题,以便及时纠正旅游发展中出现的问题。

（三）教育培训机制

1. 培训内容

以当地旅游资源、民风民俗为主要内容的旅游基础知识教育,使村民了解本地自然资源和民族文化的真正价值;以文明服务为主要内容的礼仪教育,使村民懂得接待的礼仪;以掌握行业发展动态为主要内容的乡村旅游行业的形势教育,使村民具备一定的市场意识;以餐饮、零售管理为主要内容的经营知识及技巧教育,使村民掌握必要的接待和服务技巧;以文物古迹和生态环境保护为主要内容的文化及环境保护意识教育,使村民对旅游开发积极的和消极的后果有一个较为全面的认识;以诚信守法为主要内容的法律、法规教育,使村民了解诚信经营的重要性。

2.培训主体和方式

主要包括政府、村委会、企业、学校等机构。

政府:旅游局通过培训班、送教上门、一对一帮扶等多种教育和培训方式,为村民讲解国际国内开发乡村旅游、开办家庭旅馆的先进经验,提高了乡村旅游从业者的素质和旅游服务技能。

村委会:委托职业培训学校对村民进行厨艺、服务技能培训。

企业:由公司来组织培训,使村民具备参与旅游开发经营、旅游服务的技能。

学校:乡村社区可以联系旅游院校,旅游院校组织专人赴乡村旅游点,帮助编写导游词,开展服务知识、技能培训和考核活动。

（四）利益保障机制

作为旅游开发中的弱势群体,保证农村社区居民能够从旅游业中受益是旅游规划建设项目成功的关键。目前,农村社区居民不能从旅游业中收益的障碍主要在于:一是征用的土地和房屋得不到合理补偿;二是没有切实可行的利益分配机制和参与旅游发展的机会,确保当地农民的生活水平有所提高。

因此,一定要建立科学有效的利益保障机制,不仅要对征用的土地和房屋给予合理的补偿,还要根据不同的经营管理和运作的模式来对收入进行合理分配。具体而言,可以从以下两个方面建立科学有效的利益保障机制。

一方面,贫困居民获得优先就业权,乡村旅游开发产生的就业机会应当尽可能地分配给社区的贫困居民,使其获得旅游经济效益。另一方面,建立利益补偿制度,对于在旅游开发中出让土地使用权的贫困居民,由政府给予一定的征地补贴或者是补偿安置费用；准许社区贫苦居民以生产资料、劳动力等要素入股，按合同获得分红收益；设立最低补偿金额，由社区委员会监督确保生产资料贫困居民的基本生活等。

（五）监控机制

为保证乡村社区居民参与旅游发展的权利得到切实有效的保障，地方政府应该建立专门的监督机构，在处理本地旅游规划的社区参与问题上有足够的权力。

在权限范围内，能够全面协调旅游行政主管部门、外来投资者、旅游规划单位、乡村社区居民之间的关系及有关事宜。在乡村社区内部，由村委会或农民旅游协会对本村旅游发展相关者——主要是外来投资者的经营行为进行监督，确保他们的行为符合社区居民的普遍利益。在发现外来投资者行为有悖于乡村旅游初衷时，村委会等可以向上级旅游主管部门申诉。

第二节　基于社区参与的乡村旅游特点与重要意义

一、基于社区参与的乡村旅游特点

（一）差异性

基于社区参与的乡村旅游，社区是主要的旅游吸引者，突出社区旅游资源的本土性和原生态性。差异性是乡村社区成为旅游吸引者的关键。

由于地域的差异性，社区文化千差万别，文化源于生产和生活，地方文化就体现在普通老百姓的日常生活与工作中。作为生产生活的落脚点，社区最能体现当地文化的原有风貌，其旅游文化吸引者相比于复制者和仿造者更有吸引力。当地居民从外表特征、言行举止到气质性格,代表了地方性的人文形象。社区居民也是旅游资源的重要组成部分,基于社区居民而创造的人文形象是乡村旅游形象构成的主要环节,是乡村旅游吸引旅游者的最主要的因素之一。

(二)互动性

"小即是美",基于社区参与的乡村旅游属于小区域旅游活动,扬弃了"精英主导"模式下"大就是美"的大景点、大众观光等思考模式,发挥有"景"有"人"有"感"的"小即是美"的特点,强调让旅游者的旅游活动与当地人文与自然环境产生良性互动。乡村社区旅游应当是环境友好、文化互动的旅游形式。

(三)生活性

基于社区参与的乡村旅游,以文化体验作为旅游产品的核心竞争力。基于社区参与的乡村旅游是旅游者了解异地文化的一个最真实的窗口,是一种贴近生活的文化旅游方式。旅游者对居住在居民家里的民宿旅游普遍产生浓厚的兴趣,原因就在于这种旅游方式更贴近百姓生活,能更好地理解蕴含于其中的深厚的文化内涵。在乡村社区中游览,旅游者能从中感受到一种温馨、散漫、闲雅的氛围,从而真挚地体验到当地生活的美妙温馨,这是基于社区参与的旅游与传统旅游、生态旅游的区别之处,也是社区旅游的魅力所在。

(四)经济性

基于社区参与的乡村旅游,关注农村社区居民的能力建设。发展中国家往往都存在着显著的城乡二元经济结构现象。乡村地区社区经济发展的滞后使农民往往缺乏发展能力。发展能力的缺乏导致农民收入水平低下,他们不可能进行大规模的人力资本投入以提高自由选择的能力,于是只能从事低技术含量的简单劳动。这种状况造成了农村地区社会经济发展的恶性循环,而发展乡村社区旅游,正是帮助当地居民摆脱对土地和农业生产活动的依赖,利用社区资源获取经济利益,增强发展能力的主要手段。

二、基于社区参与的乡村旅游的重要意义

(一)有利于实现乡村旅游的可持续发展

发展基于社区参与的乡村旅游是可持续发展的需要,生态旅游是可持续发展理念在旅游业的一种集中体现,也是可持续旅游的一种重要表现形式,而社区参与的旅游被视为实现旅游业可持续发展的途径之一。基于社区参与的乡村旅游与生态旅游在本质上是一致的。

首先是目的上的一致性。两者都强调要为当地社区带来经济利益,特别是帮助贫困人口通过发展旅游来脱贫致富,从而提升其自我发展能力。两者都强调对自然生态环境与传统文化的保护以及对旅游资源的长期持续利用,也强调对旅游者的生态教育。乡村社区旅游与生态旅游都不以牺牲生态环境为代价,要通过旅游业的发展,增强人们热爱大自然、保护环境的意识。两者也不以牺牲当地传统文化历史遗产为代价,通过生态旅游的发展促进对当地传统文化历史遗产,特别是土著少数民族传统文化的整理、保护、弘扬和发展。

其次是手段上的一致性。两者都强调社区参与,即通过一种良好的治理机制确保旅游发展符合当地社区的利益。真正意义上的生态旅游必须考虑社区的参与,而且是在旅游产品设计、旅游规划实施等方面的全面的参与,使居民在保护旅游资源和社区发展中获利,同时强调当地居民必须成为环境保护的倡导者、管理者和监督者,强调只有通过支持社区的发展,才能实现对整个生态环境和文化的保护。

（二）有利于社会主义新农村的建设

发展基于社区参与的乡村旅游是社会主义新农村建设的需要。农业、农村和农民问题，始终是关系我国经济和社会发展全局的重大问题。

第一，发展基于社区参与的乡村旅游有助于促进农村地区经济的发展与居民生活水平的提高。近年来的发展实践证明，非农产业在吸纳农村剩余劳动力、增加农民收入、改善农村产业结构等方面发挥了至关重要的作用。发展基于社区参与的乡村旅游，可以充分利用城乡地区的资源禀赋差异，利用市场机制实现城市对农村发展的支持，吸引城市的资金及人才向农村流动，实现"城市反哺农村"。农村经济的发展，需要进行产业结构和产品结构的调整，形成高附加值的经济产业，而旅游业可以成为乡村经济中最具有附加值的产业。基于社区参与的乡村旅游能推进农村乃至全国的经济结构调整和经济增长方式转变，提高农业的平均利润率，实现"生产发展"的目标。通过发展基于社区参与的乡村旅游，可以使农村自力更生，靠自身力量得到发展，进而减少国家对农村的扶持资金。同时，当地农民参与投资、经营旅游业，可增加其可支配收入，实现"生活宽裕"的目标。

第二，发展基于社区参与的乡村旅游有助于提高农村居民的文化素质与自我发展能力。"生产发展，生活宽裕，乡风文明，村容整洁，管理民主"，这是社会主义新农村的内涵，它体现了科学发展观的思想和要求。农村全面发展之最深刻的内涵，就是人的全面发展，这是社会主义新农村建设的最重要内容，也是以人为本的科学发展观的本质要求。由于我国农民受教育程度比较低，提高农民素质的任务非常艰巨。文化素质的低下限制了村民的发展能力。基于社区参与的乡村旅游开发非常注重对当地居民的能力培养，因为只有高素质的居民，才能更好地对社区的发展提出建设性的意见，促进社区的进一步开发。从图8-1中可以发现,每一次的循环,都是一个跨越、提升的过程。同时,发展乡村旅游,必然要求当地居民在市场的引导下培育市场经济意识,旅游者的进入也意味着大量的外来文化和先进思想的进入,这可以迅速提高农民的文化水平,使农民接受先进思想,从而实现"乡风文明"的目标。

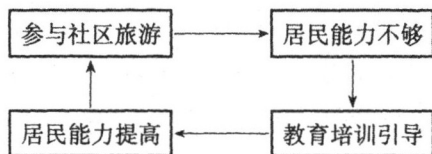

图 8-1　基于社区参与的旅游与社区居民能力提高的促进关系

第三,发展基于社区参与的乡村旅游有助于提高农村地区"三生环境"的质量。"三生环境"指生活环境、生产环境和生态环境。城市旅游者对休闲旅游环境的要求,决定了发展乡村旅游的社区必须千方百计地改善卫生条件,推动环境治理,推动村庄整体建设。最为重要的是,旅游业的发展特别强调个性化、特色化、原生态和唯一性,这是市场竞争的需要,同时也意味着每个乡村社区必须深刻挖掘自身的优势,如特色的文化民俗、民间工艺等,这可以在很大程度上形成旅游村庄的独特面貌和村容,避免"千村一面"现象的发生。通过发展基于社区参与的乡村旅游,能够促进农村对传统文化遗产和自然生态环境的保护,促进科学的规划与基础设施建设,从而实现"村容整洁"的目标。

第四,发展基于社区参与的乡村旅游有助于促进农村管理民主化。基于社区参与的乡村旅游特别强调社区居民的广泛参与,这就要求旅游发展过程中不断完善乡村自治机制,在尊重社区居民意愿的前提下进行旅游开发和乡村建设。发展基于社区参与的乡村旅游有助于进一步完善村务公开和民主议事制度,提高当地农民的民主意识和法治意识,实现"管理民主"的目标。

（三）有利于改进传统旅游发展模式

发展基于社区参与的乡村旅游是对传统旅游发展模式的反

思,长期以来,在我国旅游发展的进程中,"精英主导"旅游发展是不争的事实,具体而言就是"政企学媒"主导地方旅游发展,而社区参与则严重不足。

"政企学媒"是社会的精英阶层,政府掌握着政策资源与公共资源,是地区旅游发展战略的制定者,同时还直接"指导"着景区、饭店等旅游吸引物或旅游接待设施的直接投资者及经营者。具备智力资源的学界为旅游发展提供技术支持,而掌握着新闻传播权的媒体则为旅游发展提供舆论支持。"精英主导"的主要形式,或政府直接投资开发旅游,或政府与民间资本结成联盟共同进行旅游开发。企业与政府有着千丝万缕的关系,一些大型旅游企业往往就是政府所有或由政府控股的,而媒体也直接由政府经营,学界则是基于政府立场提供技术支援,因此"政企学媒"反映的基本上就是政府的意旨。"精英主导"是一种自上而下的旅游决策。政府通过公共资源的配置和政策的制定决定地区旅游的发展方向,并通过发展战略的制定、旅游基础设施和核心吸引物的建设以及营销等手段,推动地方旅游的发展,而当地居民则是被动参与地方旅游,或者因缺乏有效的参与途径而被排斥在外。既然是一种以政府为核心、自上而下的决策,得到优先开发的必然是政府掌控的旅游资源,如由政府管理的历史文化遗址,而生产生活方式、民俗文化等蕴藏于民间的社区资源则难以得到足够的重视与利用。

"精英主导"旅游发展对我国旅游业的发展曾经起到了极大的促进作用,但也引发了一些问题:一方面,无法满足市场对乡村社区体验性产品的需求,从而限制了为旅游者创造利益;另一方面,社区资源不能很好地被地方旅游的发展所利用,从而难以实现这些弥足珍贵的资源向产品的转化,由此导致当地居民难以直接从旅游发展中获益,也难以形成一种自发性地强化地方文化与自然生态保护的机制。从长期的、可持续发展的角度着眼,在"精英主导"的同时,发展基于社区参与的乡村旅游,是农村地区发展旅游最可行的途径。

（四）有利于旅游扶贫的实施

旅游扶贫的开展需要一定的前提条件,一般是在具备一定的旅游发展条件和基础的贫困地区(或欠发达地区)实施;旅游扶贫是区别于以往扶贫方式的一种"造血式"扶贫;旅游扶贫离不开旅游发展这一前提条件,旅游业发展是旅游扶贫的基础;扶贫是旅游扶贫的本质所在,发展旅游业只是旅游扶贫所采用的途径和手段;旅游扶贫的目标是通过旅游发展实现贫困地区经济发展或贫困人口脱贫致富,等等。

旅游精准扶贫帮扶内容是一个由地区层面帮扶、社区层面帮扶及个体层面帮扶共同构成的相互交织、相互影响的综合体,其内容主要包括改善贫困地区旅游开发条件、帮扶贫困社区建设、帮扶贫困人口旅游参与。

基于社区参与的乡村旅游可以极大地调动该社区的成员参与到旅游事业中来,提高该社区居民的收入,而且乡村旅游业的发展必然会改善当地的基础设施建设,进而从整体上改善该社区居民的生存环境和生活环境,尤其是对于贫困旅游地来说,意义重大。

第三节　乡村旅游业的社区参与模式

一、"农户 + 农户"模式

"农户 + 农户"模式是乡村旅游初期阶段的经营模式。乡村在地理位置上与市场离得很远,村民由于本身的限制和其他的顾虑,是无法信任企业对乡村旅游开发的介入的,表现为他们大多不愿意把自己的土地和资金交给公司来经营,对于盈利抱有一定的谨慎心理,他们更相信那些"示范户"。在这些乡村里,通常是"开拓户"首先开发乡村旅游获得了成功,然后在他们的示范带动下,农户们纷纷加入旅游接待的行列,互相学习和交流经验技术,经过短暂的磨合,逐渐形成了"农户＋农户"的乡村旅游开发模式。

这种模式具有显著的优势,那就是投入少、成本低,乡村文化保留得较为完善和真实,容易受到游客的喜爱。其缺点是因为其管理并不完善,所以接待量是非常有限的,管理水平的低下和较少的资金投入,难以在更大的范围内产生带动效应。

在当前乡村旅游竞争加剧的背景下,这种模式具有短平快优势。他们善于汲取别人经验,吸取别人教训,因其势单力薄、规模有限,往往注重揣摩、迎合游客心理,极具个性化服务,如贵州铜仁地区思南县石家寨村,只有六家农户搞乡村旅游接待,其接待条件非常一般,但其真诚的个性化服务,却给游客留下了非常深刻的印象。

二、"公司＋农户"模式

"公司＋农户"相比"农户＋农户"来说,规模要大,其管理水平也有所提高。在进驻当地旅游行业的时候,因为对当地情况并不十分了解,因此吸纳当地的村民来参与乡村旅游的经营和管理。在对丰饶的乡村旅游资源进行开发的时候,充分利用当地村民可以利用的资源,不管是其闲置的土地房产,还是富余的劳动力,都可以进行吸纳。不仅可以保持当地的特色,还可以有效避免不良竞争损害客源利益和乡村旅游的健康发展。还可以很大程度上提高村民的经济效益。

地处伏牛山区的重渡沟,长期以来以农业生产为主,经济发展水平较低,当地居民生活较为艰苦。最近几年,随着乡村旅游业的不断发展,重渡沟从中发现了生机,他们以自然山水为资源依托,开始涉足旅游业。他们组织了全权开发重渡沟旅游资源的"潭头旅游开发管理公司",同时,当地的农家旅馆又是产权独立的自主经营实体。公司的管理行为主要体现在三个方面:首先是对农家旅馆的定价进行管理,其价位的标准以及调整都需要该公司的管理;其次是对农家旅馆的质量管理;最后是对农家旅馆市场的垄断。前两种管理行为增强了农家旅馆的竞争力,使其一直保持较高的市场活力,第三种管理行为则有效地规避了农户的机会主义行为,在公司没有进行管理之前,农家旅馆是作为一个独立的主体直接面对旅游者的,有一些农家旅馆为了获得高额的利润,并不十分注重服务的质量,而旅游者一旦遭遇劣质服务,就会对整个旅游目的地的农家旅馆产生不好的印象,这样,对于其他提供优质服务的农家旅馆来说是非常不公平的。该地面向周边低端市场推出"吃农家饭,住农家屋,游水乡重渡沟"的旅游产品,获得了极大的成功。

当然,在这一模式中也有一些需要注意的问题。首先,公司或投资商与农户的合作是建立在一定的经济管理基础上的,因此,投资商的实力在很大程度上决定了这种模式的可行性,受限比较大。其次,由于村民的受教育程度有限,所以其服务水平和服务意识还是有一定的不足,需要不断地培训使其得到提高,为游客提供更优质的服务。最后,在内部经营管理中,如何进行游客的分流与分配是影响顺利实施这一模式的关键之一,如果协调不好,很容易走向失败。

三、"公司 + 社区 + 农户"模式

这一模式属于"公司 + 农户"模式的延伸,在原有的公司和农户这二者之间,多了一个因素——社区。社区(村委会)为公司和农户搭起桥梁,一般的流程是公司先与当地社区进行接洽合作,然后社区组织农户参与乡村旅游。

在这种模式之下,公司是不需要和农户进行直接对接和合作的,公司主要与社区打交道,但是公司需要对农户进行专业培训,使其可以无障碍地参与到旅游开发中来。而且公司也会专门制定一些规定,对农户的行为进行规范,只有这样,才能使其保持长

时间的高水平服务,三方的经济效益才能有所保障。

此模式通过社区链接,便于公司与农户协调、沟通,有利于克服公司与农户因利益分配产生的矛盾。同时,社区也可对公司起到一定的监督作用,保证他们不会侵犯农户的切身利益,保证乡村旅游正常有序的发展。

四、"政府 + 公司 + 农户"模式

"政府 + 公司 + 农户"模式在实践中,表现的是政府引导下的"企业 + 农户"。其流程是,在乡村旅游的开发过程中,由县、乡各级政府和旅游主管部门根据市场的具体需求以及当地旅游资源的分布等一系列具体情况,从宏观角度出发确定开发的地点、内容和时间,然后引导外来投资者和当地村民进行合作,成立公司,实施开发。在这个过程中,政府主要起一个引导和指导的作用。

在这种模式之下,旅游经营管理按企业运作,利润由村民(乡村旅游资源所有者)和外来投资者按照一定比例分成。除此以外,村民们还可以通过为游客提供住宿、餐饮等服务而获得利益,大大提高了村民的收入,提高了当地的经济发展水平。

这种模式的优点在于:首先,政府不再需要对当地的旅游开发投入大量的资金,可以将资金投放到其他更需要的地方;其次,在这种模式下村民的收入是十分可观而且公平的;最后,在这种模式之下,只要运营得当,很少会产生冲突和经济纠纷,因而可以减少旅游管理部门的管理难度。

五、"政府 + 公司 + 农村旅游协会 + 旅行社"模式

"政府 + 公司 + 农村旅游协会 + 旅行社"模式中,参与者众多,而且旅游产业链中的因素都有涉及,因此,可以充分发挥各个环节的优势,可以在合理分享利益的基础上,最大限度地避免旅游地的过度商业化,这对于保护当地本土文化来说具有重要意义,也有利于实现旅游地的可持续发展。

在这个模式之下,各级的职责分明,优势得以发挥,政府主要负责乡村旅游的整体规划以及基础设计的建设和维护;乡村旅游公司则对旅游发展进行科学的管理和商业运作;农村旅游协会则主要负责组织村民参与地方文化的展现、导游、工艺品的制作,提供住宿餐饮等,并负责维护和修缮各自的传统民俗,同时还要负责协调公司与农民的利益;旅行社则负责开拓市场,组织客源。这种多方的合作方式可以在很大程度上避免不必要的冲突,既保证了旅游发展的科学性,也极大地保留了当地的特色。但是如果这几个环节没有及时有效地沟通,就很容易出现问题。

第四节　乡村旅游从业人员的职业道德与形象塑造

一、乡村旅游从业人员的职业道德

乡村旅游从业人员要遵守职业道德。所谓职业道德,就是从业人员在乡村旅游活动中应该遵循的道德准则和行为规范。它既是对乡村旅游从业人员在旅游接待中具体行为的规定,又是从业人员对社会应该承担的道德义务,是社会道德在乡村旅游活动中的具体体现。乡村旅游的不断发展,对从业人员提出了越来越高的素质要求,首先就是对乡村旅游职业道德的要求。具体来讲,乡村旅游从业人员的职业道德主要体现在以下几方面。

(一)热情友好,宾客至上

"热情友好,宾客至上"是乡村旅游从业人员职业道德最具特点和最重要的规范之一。它既是对我国人民好客、尚礼等优良传统的继承和发扬,又是乡村旅游工作人员敬业、乐业,热诚欢迎游客的一种具体表现。对于游客来说,热情友好、宾客至上既是一种很高的礼遇和精神享受,也是他们所希望得到的良好服务的一种定位。

（二）敬业爱岗，遵纪守法

"敬业爱岗，遵纪守法"是乡村旅游从业人员做好工作的前提和基础，是提高乡村旅游服务质量的根本保证，是乡村旅游业取得社会、经济、生态效益的源泉。敬业爱岗是指热爱自己的本职工作，以恭敬负责的态度对待工作，勤勤恳恳、兢兢业业地履行岗位职责，"专心致志，以事其业"。遵纪守法是指乡村旅游从业人员在职业活动中严格遵守国家的法律、法令和有关政策，自觉遵守各种规章制度、条例、守则等职业纪律。

（三）公私分明，诚实守信

"公私分明，诚实守信"对于从事第三产业的人员来说尤为重要，因为第三产业主要是为其他产业提供服务的，在服务中必须公私分明、诚实待客。乡村旅游业是第三产业中的一个重要产业，乡村旅游从业人员在工作中要做到不谋私利、公私分明。无论是来自游客方面，还是来自其他方面的诱惑，都应有较强的自控能力，自觉地抵制各种精神污染，对待游客要真诚公道、信誉第一，服务中要做到"诚于中而形于外"，不弄虚作假，不欺骗游客。

诚实守信是为人处事的基本准则，是我们中华民族的传统美德，是乡村旅游从业人员对社会、对人民所承担的义务和职责，是人们在职业活动中处理人与人之间关系的道德准则，也是乡村旅游取得成功的基本条件。乡村旅游从业人员要诚实守信，首先要加强自身学习，开展各种形式的行业自律活动，引导乡村旅游经营户和从业人员自己组织起来，共同制定有关诚信经营的公约，开展"诚信经营承诺"活动，相互监督，共同抵制恶意竞争、欺诈游客等失信行为，共同维护乡村旅游市场的繁荣和稳定。其次要配合政府，整治市场秩序，加强管理，对失信行为和不良的商家从严处理。

（四）热情大度，清洁端庄

"热情大度，清洁端庄"既是服务人员的待客之道，也是服务人员应具备的基本品德，它体现了服务人员的一种高雅情操。乡村旅游从业人员要将热情友好贯穿于整个乡村旅游服务过程中，不管游客对自己的工作有何想法和看法，乡村旅游从业人员要始终如一地为游客着想，关心他们并为他们排忧解难；接待游客时要仪表整洁，讲文明、懂礼貌、笑口常开、举止大方，使游客有舒心、满意之感。微笑是表达尊重的最有效的方法，微笑不仅能提高乡村旅游服务工作的质量，还有助于问题和事故的处理。德国导游专家哈接尔德·巴特尔是这样评价微笑的意义的："在最困难的局面中，一种有分寸的微笑，再配上镇静而适度的举止，对于贯彻自己的主张、争取他人合作会起不可估量的作用。"

二、乡村旅游从业人员的形象塑造

具有良好形象的乡村旅游从业人员会让游客觉得心情舒畅，从而真诚地接受他，真心地配合他组织开展工作，正确对待乡村旅游活动中出现的问题和矛盾，积极协助乡村旅游从业人员完成整个旅游活动。同时，良好的职业形象能展示乡村旅游从业人员自身的专业素养和能力，向游客传达文明，帮助乡村旅游从业人员建立自信，从而保持积极的心态。因此，在乡村旅游从业人员的素质培养中，塑造良好的职业形象也是十分必要的。一般来说，乡村旅游从业人员塑造良好的职业形象可从以下几方面入手。

（一）重视仪容仪表

乡村旅游从业人员良好的仪容仪表是尊重宾客的体现，是讲究礼貌礼节的体现，是自尊自爱、具有良好修养的体现，也给宾客一种卫生、安全、值得信赖的感觉。仪容仪表要与个人自身的性别、年龄、容貌、肤色、身材、体型、个性、气质及职业身份等相适宜、相协调。仪容仪表因时间、地点、场合的变化而有所变化,要与时间、环境氛围、特定场合相协调。仪容仪表的修饰应把握分寸,自然适度,不露痕迹。

（二）语言交流符合规范

与一般旅游活动不同,乡村旅游的从业人员中有很多原来都是土生土长的农民,他们的语言交流一般以当地方言为主,而随着乡村旅游的发展,他们要面对来自四面八方的游客,如果村民不会说或说不好普通话,只能说当地话,可能增加与游客之间交流的障碍,给游客在当地的生活带来不便;可能无法为游客提供满意的服务;甚至可能因为交流困难,使游客产生误解,引发不必要的矛盾。因此,乡村旅游从业人员应主动学习普通话、讲普通话,以不断提高自己的语言交流能力。

此外,在开展乡村旅游服务的过程中,从业人员还应注意语言谈吐的亲切有礼,应多使用礼貌用语,如"请""您好""你好""谢谢""欢迎光临""请问您需要帮助吗""对不起""请走好""请稍等""麻烦您"等。这些礼貌用语会使游客觉得温暖和舒心,会赢得游客的好感和尊重。

当然,在强调讲普通话和文明用语、规范用字的同时,我们也不能忘记那些带有浓郁地方特色和民俗风味的当地俗语、方言和有趣典故,这些充满乡土野趣的民间智慧的结晶对游客具有很强的吸引力。而有些传统方言和用字已经在漫长的历史演变中成为了解当时社会历史原貌的活化石,被中外专家教授视为人类宝贵的历史文化遗产,对于这些,从事旅游工作的人员也有义务进行抢救挖掘和宣传推广。

（三）着装大方得体

着装能体现一个人的职业、文化修养和审美情趣,乡村旅游服务的对象是来自四面八方的游客,其着装也应大方、得体,在满足基本旅游服务需求的同时,最好能体现地域特色和民族风情,使游客得到美的享受。具体来看,乡村旅游从业人员的着装应体现以下特点。

(1)着装要协调,要与所处的季节、职位相协调。一般来说,春秋季的着装要厚实一些、宽松一些,便于保暖和在气温较低时增加毛衣等衣物。夏季着装要单薄、透气、柔软、吸汗,但要注意不要出汗后就映出内衣。此外,经营管理人员的服饰要比较庄重,给人一种精干踏实的感觉;一线服务人员的服装要简洁明快、轻便实用,便于活动。

(2)着装要整齐、平整、大方、搭配得体,在符合我国的道德传统和常规做法的同时,尽量表现出民族特色和地域特点。如苗族、侗族种类繁多的银饰、傣族姑娘漂亮的花筒裙,以及江南水乡妇女的蓝印花布服饰和浙江绍兴男人的乌毡帽等,都是吸引游客注意力的旅游"元素"之一。要注意的是,无论服饰配件是鲜亮多彩还是素净沉稳,始终要保持干净整洁,才能对游客产生亲和力。

(3)着装要选择适当的服装色彩,并进行合理搭配。一般来说,为突出度假休闲时轻松欢乐的气氛,工作人员的服饰色彩应尽量避免沉闷灰暗,可以根据年龄和岗位特征适当选择鲜艳明亮的色彩搭配。

(四)注意自己的姿势和动作

姿势和动作也能体现一个人的形象,乡村旅游从业人员在旅游服务的过程中,要注意自己的姿势和动作。在工作岗位上要做到站有站相、坐有坐相,动作不卑不亢、自然大方。具体应注意以下几方面。

(1)站姿正确,头正、双目平视、双肩平齐、身体挺直,保持一种挺拔向上的感觉。同时要注意纠正不良的站立,如站姿不正,弯腰、驼背、双腿弯曲、抖腿;一个肩膀高,一个肩膀低;斜靠在墙上或树上,与其他人互相勾肩搭背;把双手插在衣服口袋里或腰间等。

（2）讲究坐姿，正确、轻稳地入座，同时要注意纠正不良的坐姿，如入座后前倾后仰，或者歪歪扭扭，显得非常懒散；双腿过于叉开，或直直地伸向前方；腿脚不停抖动、抓耳挠腮等。

（3）掌握正确的行走姿态，同时要注意纠正不良的行姿，如走八字步、低头、驼背、晃肩、大甩手、扭腰摆臀、左顾右盼、脚底擦地、忽快忽慢、在上下台阶时一跨几级等。

第五节　乡村旅游人才的培养途径

乡村旅游人才的来源，一是从外面引进；二是自己培养。从目前的实际情况来看，在乡村旅游开发初期，主要靠自己培养，即主要是把当地的村民组织起来进行培训，然后从事乡村旅游经营管理和服务。因此，在我国乡村旅游的发展中，应努力开展乡村旅游人才培养工作，争取将乡村旅游人才培养与农业、教育、劳动、民政等部门的人才培养计划对口合作，共同推进和实施；分级、分类开展乡村旅游从业人员培训工作；加强乡村旅游项目策划和开发、景区和家庭旅馆的经营管理、传统技艺和乡土文化讲解等各类实用人才培训。

一、合理引进乡村旅游人才

俗话说，术业有专攻。专业人才在乡村旅游发展中可以起到照明灯作用，有助于提高乡村旅游的管理水平和从业人员的素质。从目前我国旅游人才的发展情况来看，高素质的旅游行政人员数量不多，奇缺高水平的乡村经理人，乡村旅游经营者和服务者数量多，但是文化素质普遍偏低。一方面，现代旅游服务要求的人才素质的需求与现有中国农民素质供给之间存在明显的不匹配。另一方面，中国还没形成农村旅游人才的输送机制。从中小学教育来看，涉及农业知识、技术的内容很少；从职业教育来看,涉及乡村旅游职业教育的普及率较低,而且专业不对口。由于乡村旅游经营者主要以家庭为单位,没有一个组织者对全体成员进行培训。以上这些因素都使得乡村旅游缺乏人才。

针对这种情况,考虑到当前乡村旅游已经从初级发展阶段进入到提档升级阶段,单纯依靠村干部来管理景区、依靠村民来服务游客已不能满足现实需要的社会现实,要想推动乡村旅游的科学发展,必须考虑引进专业的乡村旅游人才。乡村旅游的发展需要高水平、高素质的人才。由于乡村旅游从业人员文化素质低,在乡村旅游开发中就表现为观念落后、经营管理能力低、缺乏保护意识。农民对乡村旅游的认识十分模糊,他们大部分经营乡村旅游是由于看到城市近郊乡村在乡村旅游的开发中得到利益,而对其行为进行模仿。他们并没有意识到乡村旅游开发的重要意义,因此,对乡村旅游的合理开发没有清晰的认识。由于农民没有受过训练,而且文化程度低,并且认识不到乡村旅游是一种多关联、带动性强的旅游产业,有些村民在乡村旅游的开发中,只是认为空房子多,就可以接待更多的游客。对于乡村旅游规划、建设、服务水平、商品开发等都不知道。因此,不少地区的乡村旅游陷入低水平经营、低水平收入、经济低水平发展的恶性循环之中。针对这种情况,应积极推动乡村旅游发展、吸纳专业的乡村旅游人才,即引导起步较早、条件较好的乡村,可以从高校旅游专业毕业生中招聘人才充实乡村旅游人才队伍,这些学生中有一批本身来自农村,又接受了系统、正规的旅游学方面的专业教育,他们基础知识扎实、思路开阔、专业技能较强,既掌握现代科学技术又熟悉乡村,如果能够吸引其中一部分人回到乡村、扎根农村、发展乡村旅游,必将极大地促进乡村旅游的发展。

二、加强政府引导

乡村旅游人才的培养需要政府的引导和支持。政府相关部门要立足于长远发展,有计划、有重点地加快乡村旅游人才的培养并加以正确地引导。为此,政府应通过教育和培训,建设一支具有战略发展眼光、善于经营管理的乡村旅游管理人员队伍,建设一支具有市场开发能力、深谙旅游目的地的乡村旅游营销人员队伍,一支素质较高、服务优良的乡村旅游从业人员队伍,重点提高从业人员在经营服务、食品卫生安全、接待礼仪、餐饮和客房服务、乡土文化讲解等方面的素质和技能。例如,贵州黔东南州妇联曾举办的"黔东南州民族乡村旅游'农家乐'饮食服务妇女培训班",免费对全州 16 个县市的 32 家乡村旅游定点"农家乐"的妇女经营者进行培训,共有 46 人参加。通过为期一周的培训,她们在特色经营、服务礼仪、菜肴制作、营养搭配等方面有了极大的提高。

此外,旅游管理部门应加强与有关专业院校培训中心的联系,对乡村旅游从业人员分期分批地进行教育和培训。教育、文化等部门要重视广大村民的文化教育和文明素质的提高,增强村民的文明意识和开放意识,营造健康文明、和谐有序的旅游环境。以浙江省湖州市为例,为加强乡村旅游人才队伍建设,提升乡村旅游服务水平,湖州全面实施"五个一百"旅游领军人才培养战略(即培养旅游企业总经理领军人才、乡村旅游领军人才、金牌导游领军人才、优秀营销员领军人才和服务明星领军人才各 100名),通过定期组织服务人员专题培训、引进不同领域的专家进行指导、组织经营业主走出去学习参观、组织技能比赛等方式,逐步把乡村旅游从业人员培养成具有现代经营理念、善于经营管理、掌握服务技能和营销知识的新型实用人才。例如,湖州市长兴县聘请来自建筑、文化、餐饮、园艺领域的"乡土专家"对乡村旅游的精品化、可持续化发展进行指导,从农家乐建筑改造、园艺设计、卫生条件、礼仪文化、乡土健康菜肴、服务水平、住宿条件等方面进行"保姆式"指导,每年举办农家乐培训 6 次以上,每次人数在 200 人左右,在全县起到了良好的示范作用。

三、开展全方位、分层次、立体式的教育培训

开展全方位、分层次、立体式的教育培训,也是培养乡村旅游人才的有效途径。

一方面,可以依托现有的旅游人才培训中心和其他培训中心,结合农村远程教育和文化站点建设,建立现代化旅游教育培训网络平台,利用各种渠道、手段,强化乡村旅游的培训工作,提高乡村旅游管理人员队伍、乡村旅游营销人员队伍和乡村旅游从业人员队伍的企业经营管理水平。例如,北京市海淀区旅游局落实新农村建设折子工程,积极开展乡村旅游从业人员培训。2011年4月26日至27日,海淀区旅游局举办了乡村旅游从业人员培训班,旨在提高海淀区乡村旅游从业人员综合素质和服务技能,加强与周边兄弟区县民俗旅游村镇的交流。来自苏家坨镇车耳营村、管家岭村以及徐各庄村的50余名民俗旅游接待户代表参加了培训。培训过程中,参训人员参观了密云县石城镇特色民俗旅游村,村代表讲解了开展民俗旅游接待的历程,畅谈了经营民俗旅游后生活质量发生的可喜变化;参观了民俗户的接待设施以及草编工艺等特色经营项目。海淀区旅游局从北京建设世界城市、海淀区建设世界高端旅游目的地和西北部高端休闲旅游区的大背景以及支持民俗旅游发展的相关政策的现实形势等方面做了较为详细的介绍,鼓励乡村旅游从业人员通过参观、交流、学习,增强服务意识,提升接待水平。

另一方面,也可将乡镇分管领导、农村旅游单位管理者、市场营销人员、一线工作人员区分开来,根据各自特点和需求分别进行相应的培训,提高领导认识,更新管理者经营观念,提升营销人员业务水平,强化一线员工基本技能,重视岗位培训,以增强培训的针对性和实用性为重点,将导游人员、接待服务人员的培训纳入职业技能培训体系,抓好乡村旅游服务型人才的岗位培训和岗前培训,切实提高从业人员的技能。例如,云南省按照云南乡村

旅游发展总体规划的实施要求,根据现阶段云南省乡村人力资源的现状,以及乡村旅游发展中急需的人才和限制性条件,以及旅游教育培训具有针对性、多样性、实用性、速效性和短期性的特点,重在体现创新和效益,从实际出发,制订了详细的培训计划。其培训计划主要内容包括:首先,通过对人力资源的开发与培训,随着乡村旅游的不断发展,让当地人民认识到本民族文化的价值,增强他们对自己文化的认同感与自信心,使其成为自己文化的主动传承人和保护者。其次,通过旅游发展教育培训,使村民具备基本的旅游管理和服务技能,保证当地村民意愿,能自愿支持和参加乡村旅游开发。再次,通过培训旅游人才市场,建立一套系统、高效的大旅游教育人才体系和开发机制,使乡村旅游业的行政管理人才、职业经理人才、专业技术人才和教育培训人才的供给,在数量、素质和结构等方面适应参与国际旅游业竞争的需要。最后,通过与世界旅游组织合作的开发培训,以国际旅游服务标准考核旅游管理人员和服务人员工作业绩,转变旅游开发管理思维,培养当地农民热爱文化、继承文化、发展文化、投身文化旅游开发策略,实现人力资源开发与文化遗产继承双赢目标。

从培训目标上来看,在旅游发展与乡村建设融合的背景下,应重点培训四类人才:乡村旅游经营户、乡村旅游带头人、能工巧匠传承人和乡村旅游干部。着力培养一支高素质的乡土旅游实用人才队伍,重心在村镇,关键在带头人。要特别重视对乡镇党政领导发展农村旅游的培训,在有条件的乡镇建立工作联系点,提供专业学习、考察交流机会。重点提高从业者在经营服务、食品卫生安全、接待礼仪、餐饮和客房服务、乡土文化讲解等方面的素质和技能,加强对当地干部和业主乡村旅游项目开发、管理、促销等专业知识的培训。

参考文献

[1] 安徽大学农村改革与经济社会发展协同创新中心课题组.乡村旅游：中国农民的第三次创业 [M].北京：中国发展出版社,2016.

[2] 冯年华,等.乡村旅游文化学 [M].北京：经济科学出版社,2011.

[3] 张建萍.生态旅游 [M].北京：中国旅游出版社,2008.

[4] 龚勋.现代乡村旅游开发及营销策略 [M].成都：西南财经大学出版社,2013.

[5] 于守文,王俊勇.乡村旅游开发与经营 [M].北京：科学普及出版社,2013.

[6] 贾荣.乡村旅游经营与管理 [M].北京：北京理工大学出版社,2016.

[7] 徐丁,李瑞雪,武建丽.休闲农业与乡村旅游 [M].北京：中国农业科学技术出版社,2018.

[8] 骆高远.休闲农业与乡村旅游 [M].杭州：浙江大学出版社,2016.

[9] 夏学英,刘兴双.新农村建设视阈下乡村旅游研究 [M].北京：中国社会科学出版社,2014.

[10] 龚锐.旅游人类学视域下的乡村旅游与社会主义新农村建设 [M].成都：西南交通大学出版社,2012.

[11] 夏林根.乡村旅游概论 [M].上海：东方出版中心,2007.

[12] 黄顺红.乡村旅游开发与经营管理 [M].重庆:重庆大学出版社,2015.

[13] 朱伟.乡村旅游理论与实践 [M].北京:中国农业科学技术出版社,2014.

[14] 周作明.旅游策划学新论 [M].上海:上海文化出版社,2015.

[15] 王声跃,王龚.乡村地理学 [M].昆明:云南大学出版社,2015.

[16] 石培华,等.中国乡村度假新模式——湖州乡村度假的实践探索与理论观察 [M].北京:中国旅游出版社,2014.

[17] 北京市旅游业培训考试中心.北京京郊旅游专题研究 [M].北京:旅游教育出版社,2013.

[18] 蒋满元.基于区域扶贫开发视野的乡村旅游可持续发展问题研究 [M].长沙:中南大学出版社,2016.

[19] 陶慧,冯小霞.旅游规划与开发——理论、实务与案例[M].北京:中国经济出版社,2014.

[20] 刘光.乡村旅游发展研究 [M].青岛:中国海洋大学出版社,2016.

[21] 张述林.乡村旅游发展规划研究:理论与实践 [M].北京:科学出版社,2014.

[22] 丁永福,刘锋.乡村旅游概论 [M].北京:中国旅游出版社,2017.

[23] 熊金银.乡村旅游开发研究与实践案例 [M].成都:四川大学出版社,2013.

[24] 周培,周颖.乡村旅游企业服务质量理论与实践 [M].成都:西南交通大学出版社,2016.

[25] 叶文,成海.旅游融合发展:旅游产业与乡村建设[M].北京:中国环境出版社,2016.

[26]李军.新时代乡村旅游研究[M].成都:四川人民出版社,2018.

[27]北京巅峰智业旅游文化创意股份有限公司课题组.图解乡村振兴战略与旅游实践[M].北京:旅游教育出版社,2018.

[28]郑莹,何艳琳.乡村旅游开发与设计[M].北京:化学工业出版社,2018.

[29]余守文,王俊勇.乡村旅游开发与经营[M].北京:科学普及出版社,2013.

[30]陆素洁.如何开发乡村旅游[M].北京:中国旅游出版社,2007.

[31]杨世瑜.乡村生态旅游理念与发展模式探索[M].北京:民族出版社,2006.

[32]当代上海研究所.长江三角洲发展报告:区域旅游发展(2015)[M].上海:上海人民出版社,2016.

[33]周作明,赵现红.旅游规划[M].郑州:郑州大学出版社,2012.

[34]蔡碧凡,夏盛民,俞益武.乡村旅游开发与管理[M].北京:中国林业出版社,2007.

[35]陈秋华,纪金雄.乡村旅游规划理论与实践[M].北京:中国旅游出版社,2014.

[36]雷晚蓉.乡村旅游资源开发利用研究[M].长沙:湖南大学出版社,2012.

[37]叶文,成海.旅游融合发展:旅游产业与乡村建设[M].北京:中国环境出版社,2016.

[38]郑文堂,等.北京门头沟乡村旅游新型业态发展研究[M].北京:中国农业出版社,2014.

[39]梁景和.首都新型城镇化研究[M].北京:首都师范大学出版社,2016.

[40]张纯洁.旅游新论[M].北京:中国旅游出版社,2016.

[41] 吕迅.乡村旅游服务与管理 [M].北京：中国农业科学技术出版社,2011.

[42] 杨永杰,耿红莉.乡村旅游经营管理 [M].北京：中国农业大学出版社,2011.

[43] 赵芝清,何虹蓁.生态旅游百问百答 [M].杭州：浙江工商大学出版社,2011.

[44] 陈吉瑞.旅游职业道德 [M].重庆：重庆大学出版社,2008.

[45] 汪瑞军,宋欣.旅游职业道德 [M].天津：天津大学出版社,2015.

[46] 高伟峰,张时春.职业道德与就业创业指导 [M].北京：清华大学出版社,2005.

[47] 赵爱华,朱斌,张岩.导游业务 [M].北京：中国旅游出版社,2016.

[48] 周丹敏.乡村旅游可持续性发展的多理论视角研究 [M].南昌：江西高校出版社,2014.

[49] 张树民.中国乡村旅游发展模式与政策保障研究 [M].北京：中国旅游出版社,2014.

[50]《乡村旅游从业人员丛书》编委会.乡村特色旅游建设指南 [M].天津：天津人民出版社,2010.

[51] 孟建华.宾馆服务员实务指南 [M].北京：中央民族大学出版社,2011.

[52] 唐荣德.乡村旅游开发与管理 [M].北京：中国农业大学出版社,2011.

[53] 张惠芬.导游业务(第 2 版)[M].中国财政经济出版社,2005.

[54] 本书编委会.新旅行社管理条例实施手册(第一卷)[M].北京：中国环境科学出版社,2002.

[55] 张振中, 张玮. 旅游游览服务 [M]. 北京: 北京交通大学出版社, 2015.

[56] 梁文生. 导游实务 [M]. 济南: 山东科学技术出版社, 2013.

[57] 张建春. 生态旅游研究 [M]. 杭州: 杭州出版社, 2007.

[58] 田里, 李常林. 生态旅游 [M]. 天津: 南开大学出版社, 2004.

[59] 刘晓. 实施乡村振兴战略 [J]. 农家致富, 2017 (22): 50-51.